# Nada deu certo naquela tarde

Priscila Ferraz

# Nada deu certo naquela tarde

1ª Edição
POD

KBR
Petrópolis
2015

Coordenação editorial **Noga Sklar**
Editoração **KBR**
Capa **KBR**
Imagem da capa **"Remando para casa", Winslow Homer, óleo sobre tela, 1890**

ISBN: 978-85-8180-386-9

KBR Editora Digital Ltda.
www.kbrdigital.com.br
www.facebook.com/kbrdigital
atendimento@kbrdigital.com.br
55|21|3942.4440

LCO010000 - Crônicas

**Priscila Ferraz** nasceu em 1950, poucos dias antes do fatídico jogo em que o Brasil perdeu na última hora para o Uruguai. Entre outras afinidades, compartilha com Guimarães Rosa o dia do aniversário. Estudou Economia na USP meio sem esforço nem vontade, queria mesmo casar e constituir família. Teve uma confecção e um bem-sucedido negócio de aluguel de roupas para adolescentes. Dedicou-se ao tênis, tornando-se primeira classe após os 50 anos. É colunista fixa da revista semanal *Single K* e do blog da KBR, editora pela qual publicou seu primeiro romance, *Nuvem de pó*.

**Email** priscilatenista@hotmail.com

# Sumário

# Portuguesa, com certeza

Então tá bom. É assim e pronto. Nem sei como entrei nessa. Já nem sei como escrevi o *Nuvem de Pó*. Era pra ser somente uma recordação de algumas coisas boas, e deu no que deu. Agora sou eu correndo atrás de ebook, farra do POD e outros que tais, e ainda mais essa. Crônica? Só se for por essa ansiedade que eu tenho de que as coisas sejam como eu quero. Essa sim, é crônica. Enfim. Vamos tentar uma croniqueta.

Acabei de tirar minha cidadania portuguesa. Meus dois avós eram lusitanos. É, portanto, com certa tranquilidade que vou contar o que recebi hoje num vídeo por email: uma rua sendo asfaltada em uma grande cidade em Portugal, Coimbra para ser mais precisa, cidade natal de vovô. Dava para ouvir algumas pessoas falando português e prédios que não deixavam dúvidas quando à localização geográfica. Definitivamente, Europa.

O grande diferencial é que asfaltavam sem barrar o trânsito, nem de carros, nem de pedestres. Tudo fluía como se nada houvesse, a não ser pelas pessoas que tinham seus sapatos pregados no piche e não conseguiam mais caminhar. Várias senhoras deixavam suas sandálias, que não conseguiam despregar do meio da rua. E tome carro e caminhão passando. Um senhorzinho, coitado, ficou com seu pisante grudado e tentava descolá-lo segurando e levantando a ponta do sapato de amarrar — negro como azeviche. Sua senhora, já na calçada, espichava a mão numa vã tentativa de auxílio. As mocinhas, mais lépidas, passavam correndo de braços dados, nas pontinhas dos pés, e saíam ilesas do mico. Outra mulher, com uma ampla saia rodada de renda que perdera seu papete,[1] se arregaçava com um pé a salvo no meio-fio e o outro descalço, bem na pontinha, na direção do extraviado complemento, esbarrando a ponta da bainha na meleca negra e tentando despregar o par perdido com a mão.

O caos imperava. O ônibus passava em alta velocidade, esmagando e comprimindo os sapatos deixados para trás por desacorçoados e descalços transeuntes, bem fundo no piche. Os pedestres, em desespero, tentavam atravessar sem ser atropelados. Enquanto isso, passava incólume o caminhão de piche, fazendo seu serviço com toda a calma.

Tudo bem. Essas coisas acontecem, mas o que é difícil de se encontrar é a complacência que todos demonstravam. Não havia revolta, contra ninguém. Não houve uma só voz levantada contra o impávido motorista, nem contra os que acompanhavam o veículo para ver se o serviço saía a contento.

Agora que sou cidadã portuguesa, terei que aprender com esse povo tão gentil, educado e honesto, essa maneira de encarar a vida e sua forma de raciocínio tão diferente da nossa. Quando se pergunta a eles (quero dizer, a nós) qualquer coisa, é preciso estar muito atento ao fazê-lo, pois a resposta será exatamente ao que você perguntou. Certa feita, meu cunhado, muito expedito, tentava ajudar uma senhora que havia colocado sua sacola no compartimento de bagagem do avião e lhe perguntou, na intenção de movê-la: "Esta bolsa é sua?"

Ao que ela gentilmente respondeu, em seu português castiço: "Não, "senhoire". É de uma cunhada que m'a emprestou".

Vejam bem: ela respondeu ao que lhe foi perguntado. Eu mesma estive perdida por Lisboa, e ao indagar se uma senhora sabia onde era tal sítio, ela simplesmente respondeu que sim... e se foi, me deixando à própria sorte.

---

1 Nota da editora: espécie de calçado semelhante à sandália, em português de Portugal.

# Depois do furacão

Vejo hoje minha cidade que eu tanto amo, com todos os defeitos que tem e que eu posso suportar — não sou pessoa temerosa, faço parte do grupo dos fortes que se arriscam e sabem o perigo que estão enfrentando, e logicamente meu amor é retribuído largamente por essa megalópole em termos de acesso a tudo o que há de mais moderno, mais interessante e excitante.

Vejo hoje minha cidade depois do furacão, posso dizer quase tsunami que a acometeu pouco antes do Natal. Sempre parece que o mundo vai acabar e hordas de automóveis invadem em frenesi as ruas e avenidas atravancadas em busca nem sei do quê.

Vejo hoje minha cidade do jeito que a conheci, silenciosa, tranquila, vejo as ruas, a vegetação, as árvores grandiosas. O tsunami passou sem deixar mortos ou feridos, nem mesmo escombros, pelo contrário, vê-se a arquitetura diversificada, mostrado que em todas as épocas esteve pujante, desde edifícios antigos até os mais futurísticos.

Vejo hoje minha cidade onde se pode circular tranquilamente pelas calçadas sem o atropelo que lhe é peculiar, caminhando ou correndo sossegadamente e deixando a vista correr solta, apreciando suas belezas ocultas. Seu véu feito de fumaça, garoa e grandes veículos foi retirado, e podemos finalmente apreciar sua beleza, qual odalisca desnudada.

O encantamento da festa de Natal ficou pra trás, e o olhar das crianças ofuscadas pelas luzes, toda a família reunida, os presentes, a possibilidade de ficarem acordadas até mais tarde, ainda está impregnado em minha mente. Nunca se sabe o que vai realmente encantar um garotinho. Lembro-me de meu filho, um quase bebê, que rejeitou todos os brinquedos coloridos e brilhantes em favor de um simples guarda-chuva marrom. Meu netinho ganhou da outra avó uma roupa de pirata que vestiu e não tirou mais, até ser muito a contragosto levado para a cama. Foi encontrado pouco tempo depois, com todo aquele aparato, brincando sozinho e falando em inglês, que é seu idioma favorito para brincar sozinho na escada, com certeza lutando contra tubarões e outros piratas.

O Natal pode ser julgado de muitas maneiras: para uns é uma festa santa, para outros a possibilidade de ver a família reunida, e para outros ainda o lufa-lufa de compras e grandes jantares. O meu foi como eu gosto, com quase toda a família reunida, e para o ano que vem a certeza de que estarão todos aqui com mais crianças ainda.

Vejo hoje minha cidade quando tudo já passou e uma espécie de quietude tomou conta das poucas pessoas que ainda circulam por aqui. Uma sensação de dever cumprido, por pelo menos mais alguns dias, quando um novo ano vem aí com os problemas pré-existentes e outros que ainda surgirão, com certeza. Tenho a esperança de que minha cidade, que como o próprio lema em seu brasão diz — traduzido do latim: "não é liderada e sim lidera" —, resgate a coragem dos bandeirantes daqui originários e conduza toda a nossa nação em movimentos como os que aqui começaram, para extirpar de vez o mal da corrupção que nos assola.

Vou me despedindo deste ano com um gostinho de saudades, pois foi um ano muito bom — minha família aumentou, trazendo duas meninas muito queridas para o nosso convívio —, mas com esperanças de que o próximo traga ainda muitas alegrias, trabalhos e realizações, o que, aliás, é o meu desejo também para todos os meus leitores e amigos.

# COMPARTILHE ISSO: LOUCURA

Os finais dos últimos anos, desde que parei de trabalhar formalmente, têm sido relativamente tranquilos. Compro todos os presentes em outubro, inclusive as embalagens, de preferência fora do Brasil devido ao custo exorbitante que se cobra atualmente em nosso país. Pode-se comprar passagem fora de temporada e até estadia, aproveitar a viagem e fazer compras, e se terá gasto menos do que se acotovelando nos shoppings ou, pior ainda, indo aos centros de atacado onde se consegue melhor preço — pagando uma fortuna de estacionamento e correndo o risco de ser assaltado no caminho, coisa que me aconteceu três vezes, quando, por força do trabalho, tinha que me dirigir constantemente àquele lugar de gente maluca.

A comilança, também providenciada com bastante antecedência, me dava uma tranquilidade que às vezes me levava a considerar o que acontecia com o resto do mundo, que se queixava de tanto atropelo. Muito bem, este ano queimei a língua, mas não por ter deixado as coisas para a última hora, o que aliás é de meu feitio, com exceção feita ao Natal.

O que se passa é o acumulo de eventos, confraternizações de todos os tipos, todos os grupos, festas corporativas, jantares de Natal antecipados somente com os amigos, almoços com todas as tribos a que pertenço, bazares aos quais não posso faltar etc.

Acontece, e já não é a primeira vez, que resolvo no mês de dezembro consertar o estrago que fiz em meu peso durante todo o ano. Dizem que não é o que você come entre o Natal e o Ano Novo que te adiciona centímetros à cintura, e sim o que você come entre o Ano Novo e o Natal, e agora tudo começa já no inicio do mês. Se eu não tomasse providências, com certeza entraria o ano novo rolando. Então, decidi não participar das orgias gastronômicas, me abstendo de tudo aquilo que a gente está careca de saber que engorda. E, devo dizer, às vezes não é fácil: para não sucumbir quando chega a hora dos docinhos, tenho que me agarrar desesperadamente à imagem que pretendo projetar em janeiro.

Adoro praticar esportes, então para mim esta é a parte fácil, incorporo aos treinos quilômetros e mais quilômetros de corrida. O difícil é depois a recuperação. Sabe aquele lance de "uma certa idade"?

Apesar de durante o ano ter exorbitado e não ter sido uma menina boazinha, espero que Papai Noel me perdoe e aprove o meu pedido bem difícil de ser atendido. Desejo nada mais nada menos do que a paz mundial. Fácil, né? O que mais poderia pedir? Coisas? Não, pois como alertou uma sábia amiga, já está em tempo de irmos diminuindo os bens materiais; e este ano tentei durante todos os dias ir consumindo coisas de minha casa, seja jogando fora ou fazendo doações, pois os filhos não se interessam pelo que para nós tem tanta importância, então vou poupar-lhes o trabalho de terem que se livrar por mim.

Espero ter forças suficientes para continuar escrevendo.

# Engulhos

Quem poderá nos salvar? Agora que até o Chapolin nos deixou à nossa própria mercê?

Antes de escrever esta crônica tive que tomar comprimidos para enjoo. Meu netinho, que está aprendendo a falar, já diz: "Eca! Que nojo!"

Pobrezinho, ainda vai repetir muitas e muitas vezes essa frase.

O que fazer quando a corrupção está tão arraigada dentro de nossa sociedade que nos é esfregada na cara todos os dias? Nos cai no colo e pouco podemos fazer?

A sensação de impotência só é menor do que o nojo que sentimos, como uma onda negra que avança em nossa direção, e já começamos a sentir os respingos em nossa face.

É muito triste a sensação de que não podemos confiar em mais ninguém. As pessoas de bem temem se envolver, não dizem nada até que seja tarde demais para dizer alguma coisa.

Muito se enganam se pensam que afinal dominaram o mundo, pois são muito poucos, sei que somente uma ou duas maçãs podres dentro do cesto. Sei que a maioria ainda vive de maneira digna e ainda se assusta quando vê o malfeito.

Esses salafrários sempre conseguem encontrar uma desculpa para seus atos. Com certeza, pensam: *Não estou lesando minha sociedade, o dinheiro vem de outros lugares.* Ou ainda: *Isto não vai fazer falta e eu preciso tanto, estou passando uma fase difícil.*

Saibam que muito mais difícil será quando todos souberem de seus atos indignos. Sinto pelas famílias que, muitas vezes, não têm a mínima noção do que seus pares estão cometendo por aí.

Este texto está muito amargo, mas é como se encontra o gosto em minha boca.

Em vão tento contar minhas bênçãos para alegrar meu coração, pois mais uma vida está chegando ao mundo. Minha quarta netinha está por nascer e quero estar com o coração repleto de amor para lhe dar, encontrar alegrias para colocar em cada ponto do crochê de seu casaquinho. A família onde ela vai nascer é repleta de Chapolins, super-heróis ingênuos, mas muito felizes, e seu patriarca é um homem como poucos.

Luto minha batalha a cada dia, e não irei esmorecer ao notar que ainda existem tantos crédulos que não enxergam nada além dos conceitos e dogmas que lhes foram empurrados goela abaixo, muito tempo atrás.

Pra você que continua com sua cara hipócrita, debochando de toda a sociedade e arregaçando sua dentadura à guisa de sorriso, e pra você que pensa que tudo vai cair no esquecimento e continua posando de reizinho, quero declarar somente:

"Eca! Que nojo! Tenho nojo de você!"

# E se amanhã nunca chegar?

Se amanhã nunca chegar, será que estou certa de ter tirado todo o sumo da vida? Será que disse aos meus amigos o quanto gosto deles? Terei dito aos meus filhos e netos o quanto é importante a felicidade deles para mim, e que suas vidas são a continuidade da minha própria? Terei beijado suficientemente as bochechinhas gordas de meus netos e os apertado junto ao meu peito cheio de amor, e os escutado dizer as primeiras palavras com muitos erros, o que tanto prazer me dá, escutado suas gargalhadas tão espontâneas que me trazem de volta a alegria da juventude? Já terei dito ao meu companheiro o quanto o seu ressonar me traz tranquilidade e o calor do seu abraço tem a capacidade de me trazer a paz, e que seu jeito estabanado e afobado é para mim um alento e impulsiona a minha vida, me trazendo contentamento?

Muitos dirão: viveu uma vida simples, sem grandes feitos. E sou obrigada a concordar. O sumo da vida tem sabores diferentes para cada um. Há os que precisam escalar o Himalaia e atingir o topo do mundo, há os que precisam mergulhar nos mares mais profundos, *bungee jumping* de alturas estratosféricas, precisam mergulhar com tubarões, fazer viagens interplanetárias, serem o melhor matemático, o mais rápido do mundo, o melhor nadador. Quantos sabores! O meu suco é muito simples, praticamente uma limonada, mas que satisfaz toda a minha sede.

Quando ponho meus pensamentos no papel — ou melhor, tela —e os distribuo nem sei por onde, desejo sempre trazer uma mensagem positiva e de deleite, que possa acrescentar algo de útil e bom a meus leitores. Alguns, que encontro por onde ando, dão retorno sobre a leitura. Isso também me dá muita satisfação, já que amplio, muitas vezes sem saber, um círculo grande de almas que compartilham comigo alguns instantes de minha vida.

Se amanhã nunca chegar...

Quero estar certa de que trilhei os caminhos do bem e da retidão, tendo compartilhado amor com meus semelhantes. Saber que fiz o melhor que pude e dei tudo de mim. Espero ir sem deixar e nem levar mágoas.

Se amanhã nunca chegar, espero ter contribuído para a humanidade educando meus filhos com preceitos de honestidade e coragem para enfrentar as vicissitudes da vida de queixo erguido. Espero ter tratado com respeito e carinho meus funcionários e subalternos. Espero ter contribuído de alguma forma para mitigar a fome e indigências dos mais necessitados, ensinado o pouco que sei para meus pares.

Considero-me uma vencedora na vida. Tudo o que almejei até hoje alcancei, pois soube desejar o possível, o leve, o fácil; outros bens que tive vieram de lambuja, pois uma família feliz é possível sempre, dependendo do empenho de cada um e independentemente de bens materiais.

Se amanhã nunca chegar, quero estar certa de que os que me conheceram saberão celebrar minha vida, espremida até o bagaço mais seco.

A princípio, este texto pode parecer um pouco macabro e triste, mas é justamente o oposto, pois "não temo a morte, o que me apavora é não viver".

# É DO PERU

Todo o dia é dia de aprender. Penso que não passamos um único dia sem tomar conhecimento de alguma coisa nova.

Hoje é Dia de Agradecimento, mais conhecido como *Thanksgiving Day*, e aprendi o significado da data: estavam lá os peregrinos, recém-chegados à América, ignorantes de infinitas coisas sobre a nova terra, quando de repente bateu aquele inverno, pegando todo mundo de calças curtas e desprovidos de alimentos. Quando já estavam passando muita fome, foram salvos, imaginem a ironia, pelos habitantes primitivos do lugar, os famosos e posteriormente quase exterminados peles-vermelhas, que trouxeram uma ave desconhecida que saciou a fome de todos, nosso conhecido peru. Surgiu então a tradição de saborear a ave, e honrar e agradecer a oportunidade de continuar a vida, tendo se tornado o mais importante feriado norte-americano, hoje em dia ainda mais importante, como véspera da sexta-feira negra — dia de liquidação geral na terra de Tio Sam. A população enlouquece, e amanhece diante das lojas na esperança de conseguir uma boa pechincha.

Hoje, lembra-se não somente o agradecimento pelo alimento, mas também por tudo o que nos traz felicidade. Enquanto fazia mentalmente uma relação das bênçãos que teria que agradecer, fiquei pasma com sua infinidade, levando às últimas consequências a gratidão.

Lembrei-me da saúde, nosso bem maior, pois sem isso nada mais importa — passar os dias sem dor, sem desconfortos, com todas as funções fisiológicas em andamento perfeito, sem precisar pensar no dia em que esse estágio da existência de nossas almas findará. Fui pensando em cada célula funcionando exatamente como deveria, tudo isso sem que haja necessidade de que alguém tenha que cuidar de nada.

Depois, exteriorizei: o conforto de ter refeições todos os dias, um abrigo seguro, tudo o que diz respeito à casca, o físico. Até aqui venho me esquivando da fraqueza e mantendo a flexibilidade.

Em seguida, extrapolei: a família, meu bem maior, que tanto orgulho e alegrias tem me trazido ao longo dos anos; meu companheiro fiel, meu maior amigo, meu confidente, meu amor; meus filhos, genros e nora, pessoas muito queridas e que souberam compor conosco uma unidade ainda mais inquebrantável; e meus netos, a alegria maior desta nova fase de minha vida, que me ensinaram um amor doce e sereno, o melhor de todos, o jeito mais fácil de amar; meus amigos, as pessoas que trabalham com a gente, meus trabalhos, meus hobbies, meus esportes, os dons com que fui agraciada — dentre eles o da escrita, onde posso eternizar meus pensamentos —, sendo o mais importante o de saber aceitar com resignação tudo o que me é oferecido, sabendo que sempre é o melhor para mim.

Neste ponto, parei e pensei: que crônica mais pessoal! Entretanto, acredito que tudo o que foi dito sobre mim até agora serve perfeitamente pra você também, meu amigo leitor. Experimente este exercício e verá como a gente fica mais leve. Deixei por último o agradecimento à sua companhia semanal. Nossa parceria é motivo de grande felicidade para mim.

# Cadeia nele(s)

Só para atualizar meus leitores, continuo tendo sérios problemas no que se refere à informática. Vai sobrar para minha pobre editora, que vai ter que colocar todos os acentos necessários, ponto e virgula também, pois o laptop que estou usando tem um teclado muito esquisito.

Meu próprio laptop ficou de mal de vez da internet e exige de mim uma senha que desconheco. Estou perdendo a paciência com ele.

Para piorar, enquanto digito, por vontade própria da maquina as palavras vao pulando para o meio de outras frases que escrevi e tenho que ficar cacando onde estão.

Preâmbulo concretizado, passemos ao tema principal, que a principio pode parecer politica, mas que na verdade e somente crime comum.

Semana passada foram pra cadeia algumas figuras emblemáticas, que durante anos permaneceram em cargos importantes no governo do pais e que concomitantemente cometiam crimes, pois como criminosos foram classificados pela mais alta corte de justiça do Brasil. Foram presos por esses crimes, e embora o partido politico a que estão filiados esteja no poder por mais de dez anos, bravateiam estar sendo encarcerados como presos políticos. Ora, como seria isto possível? Mandela foi preso politico, muitos foram presos políticos durante revolução, inclusive alguns desses mesmos agora acusados, mas o caso desses senhores desta vez e muito diferente.

Apesar de ter custado, finalmente vemos que a justiça, embora muito morosa e falha, existe. Nao do jeito que a gente queria, para todos. Sou partidária da tolerância zero. Creio que os cidadãos vao afrouxando os costumes sem a devida punição e quando a gente menos imagina, grandes crimes estão sendo cometidos, e poderiam ter sido evitados se o mal tivesse sido cortado pela raiz.

Apesar de ter sofrido muitas desilusões, ainda sonho com um Brasil mais honesto. Perdemos um pouco o passo há alguns anos, mas estou certa de que sempre há tempo pra recuperar.

Não sossego enquanto o *capo di tutti capi* estiver realmente junto, como ele próprio declarou quando seus comparsas estavam sendo engaiolados. Ele deve se juntar a eles de verdade.

*Nota:* se encontrarem algum erro de digitação por aí é porque a editora achou que o texto teria mais sabor e autenticidade caso os deixasse, ok?

# Três ideias

Hoje tenho ideias para três crônicas diferentes, o que não é nada usual, pois geralmente fico com um branco até que o prazo esteja a ponto de se esgotar, daí escrevo correndo e alguma coisa sai.

Política? Computação? Existencialismo? Vamos falar de tudo um pouco, começando pela informática.

Meu companheiro laptop abruptamente resolveu que não se comunicava com o mundo exterior à minha casa. Se eu queria que ele conversasse com sua *celula mater* teria que levá-lo a passear para se conectar em outra rede, pois a minha própria ele recusava. Não sei se hoje já estão se fazendo robôs inteligentes, mas com certeza algumas máquinas já têm seu geniozinho. Este meu amigo aqui, por exemplo, é ótimo, mas deu de dar piti de vez em quando, parece que ficou de mal com o roteador. Já pensei até em roubar o sinal do vizinho. Nem vou falar mal dele na sua própria presença, vai que ele entende.

Pois bem, hoje de manhã, quando me sentei à sua frente, ele me ofereceu para entrar na rede. Muito abismada, passei mais uma vez a senha e ele me pediu outra, que não sei do que se trata, e o que fiz? Dei um "cancela", e *voilà*: cá estou eu.

Graças a essa benesse do "Lap", vi logo cedo a notícia com fotos em cores do caixão do ex-presidente há décadas falecido, portanto, muito pouco restou de seu corpo para ser levado com todas as honras ao palácio do Planalto, onde o aguardavam a "Presidenta" e uma miscelânea de políticos de todas as cores, formatos e partidos, aguardando que o sonho da juventude de nossa administradora de plantão se realizasse: ali estava um comunista recebendo honras de Estado. Vi também no jornal que a prisão dos políticos condenados estava iminente, e que os chefes do partido concordavam que essa prisão calaria a boca da oposição nas próximas eleições, e isso significa que, finalmente, vai acontecer, eles ficarão no xilindró até pelo menos o fim do ano que vem.

Agora, convenhamos, não parece brincadeira que um país deste porte esteja sujeito aos desejos e necessidades políticas desse pessoal?

Passemos ao terceiro tema. Embora esteja difícil fazer a ligação entre política e existencialismo, temos sempre essa possibilidade de escape. Quem sabe em outra vida? Mas daí vem a terrível pergunta de sempre: haverá outra oportunidade? Estivemos debatendo o tema esta semana, três pessoas muito diferentes e com crenças também muito diferentes, mas todos nós concordamos que é muito mais tranquilo para o vivente crer que existe um sistema absolutamente incompreensível para todos nós que toma conta de nossas vidas, e que a possibilidade de outra oportunidade é muito desejável, seja porque esta não tenha sido satisfatória, e quem sabe da próxima vez seja melhor, seja porque foi muito boa e queremos um repeteco.

Eu, por via das dúvidas, vou procurando viver da melhor maneira possível agora mesmo, pois mais vale um na mão do que dois no sutiã, desculpem a gracinha, mas é mais divertido do que o velho e batido dito popular.

Muito bem, hoje é feriado e nem tinha me dado conta de que estávamos comemorando a proclamação da República. Então, viva o Brasil!

# Tesouro escondido

Tenho tesouros escondidos em minha casa. Eles não me pertencem, mas enquanto estão aqui posso usufruir de todo o prazer que me causa o simples deitar de olhos sobre eles. Como tudo o que é amado e desejado, demandam muito trabalho, mas a recompensa é inebriante.

Cornucópias de moedas de ouro antigas, colares de pérolas brancas e negras de bitola similar, pedras preciosas e multicoloridas, as mais finas sedas, vasos e ornamentos raros de alabastro, joias elaboradas pelos mais competentes devotos de Santo Elói, nada disso chega às fímbrias das vestes de meus tesouros.

Peço aos meus leitores complacência e paciência por serem informados de assuntos tão particulares, mas a emoção que me toma me incita a compartilhar com vocês, meus amigos, este sentimento.

Estou falando de meus netos, que vieram passar esta semana comigo. Aproveito para escrever hoje, pois é o primeiro dia e ainda estou cheia de energia, paciência e carinho. Espero chegar no próximo sábado com o suficiente para dar conta.

Ontem, quando vieram com seus pijamas infantis, a ricochetear pela casa com seu riso solto e feliz, também estavam animados com o passeio na casa dos avós. Sei que daqui a alguns dias já estarão reclamando a presença dos pais.

Ouvir seus gorjeios, simplesmente por acharem engraçado o nome de um cavalo, enche nosso tanque de amor; acordar de madrugada, apesar de cansativo, também foi motivo de alegria — por sentir o corpinho quente e carinhoso que se recusava, apesar de induzido umas três vezes, a voltar para sua cama.

Por enquanto, somente dois dos três que possuo estão aqui, mas estou certa de que a casa logo estará cheia, pois sobrinhos-netos também serão muito bem-vindos.

Gavetas cheias de badulaques são atrativos certos para esses curiosos e buliçosos meninos. Tudo os encanta. Procuro objetos que já não têm bom uso e os guardo, pois sei que se transformarão em entretenimento com certeza. Nenhum aparelho eletrônico foi ligado, mas a diversão correu solta. Na hora de dormir, capotaram imediatamente.

Ontem, na festa de Halloween — como parte da programação de nossa assistência social —, estivemos pintando teias, aranhas, morcegos e vampiros na petizada, e ao término sempre lançávamos um feitiço em todos. A alegria estava no ar e todos entraram na brincadeira. Meus garotos se vestiram de piratas, pois adoram assustar a avó, que diz temer esses monstros do mar.

Sou mãe e avó e posso afiançar: o amor de mãe é maior, mas o de avó é muito melhor.

# Todo mundo é igual?

Hoje, no café da manhã, tivemos, meu marido e eu, uma conversa filosófica; considerando que estamos em meio a um mini caos, com os netos em casa por nossa conta, foi um feito notável.

Estivemos falando sobre certas pessoas que não deram muito certo na vida e que, quando têm por qualquer motivo ascendência sobre outro ser humano, aproveitam para descarregar todas as frustrações em cima daqueles que, naquelas circunstâncias, se apresentam em situação inferior.

Tenho para mim que cada pessoa tem em si habilidades específicas, que a qualificam para determinadas circunstâncias. Penso sempre: *de que me valeriam todos os conhecimentos que adquiri na vida, procurando sempre aumentar minha cultura, no caso de me encontrar perdida no meio da selva, por exemplo? Com certeza o capiau mais ignorante do mundo que ali vivesse teria muito mais condições de sobreviver naquela situação.*

Saber tratar com elegância os subalternos denota a grandeza do caráter de um homem. Na vida, podemos ter muito mais vantagens em ter como amigos as pessoas que nos servem: o trabalho sempre será realizado com mais eficiência e mais rapidamente quando se pede com delicadeza e se explica o motivo da celeridade.

O fluxo de pensamento começou a se dispersar, e resolvi

dar uma olhadinha na obra no quintal de minha casa. Fiquei admirada com o trabalho perfeito, que resultou de um custoso processo de cortes de pedras para fazer um semicírculo. Inquiri o pedreiro, que, com seu sorriso simpático, não conseguiu me contar como foi que conseguiu achar o ângulo exato para o corte das pedras que fez durante um dia típico de São Paulo, ou seja de garoa o dia inteiro. Tenho pra mim que a isto se dá o nome de "dom". Eu, com certeza, teria usado calculadoras e todo o meu conhecimento de matemática que a duras penas obtive por anos de estudo, e mais, teria feito primeiramente um molde em jornal e depois teria duplicado várias vezes até completar a volta, e em seguida teria feito um molde em papelão duro. Teria perdido horas preciosas no processo, mas o rapaz com seu jeito humilde foi simplesmente cortando e tudo ficou muito lindo.

Agora veja, não é de se admirar essa pessoa? Entender que ela, eu e a pessoa mais rica do mundo, ou a mais inteligente, temos absolutamente o mesmo papel na humanidade?

Esta semana vi uma crônica de um dos mais famosos colunistas do país, e ele se indignava com os colegas que, em seus artigos, falavam sobre si próprios, quando todos deveriam saber que era sobre ele que deveriam falar. Devo ressaltar que o tal é humorista, mas me dei conta de que falo muito sobre as coisas que me acontecem. Deveria ser de outra maneira? Deveria falar sobre os outros? "Deus deu uma vida pra cada um cuidar da sua" — excelente filosofia do que já foi para-choque de caminhão e agora virou post no Facebook.

Falando nisso, devo dizer que sobrevivi à semana que passei com os netos aqui em casa. Mais uma vez, a máxima que diz que "a gente se acostuma com tudo" se revela uma verdade. Os primeiros dias foram difíceis, mas agora sinto que já poderia ficar com eles para sempre. Minha filha que se cuide.

# Sapatinhos de crochê

Um ponto, uma laçada, pega dois. Um ponto, uma laçada, pega dois.

Depois de alguns minutos, você já se abstraiu, e está com sua mente totalmente limpa e tranquila. Uma sensação de paz te alcança e sua mente relaxa.

Será esta outra maneira de meditar? O mantra acaba te levando ao estado alfa. Quantas vezes já respondi perguntas e dei explicações, sem mesmo me dar conta do ocorrido! A concentração é tal que a memória não registra os fatos ocorridos à nossa volta.

Nossas avós davam a impressão de estarem sempre tranquilas, com seu tricozinho ou crochê no colo, artes que estão se perdendo em nossas vidas agitadas. Sinto tristeza por saber que meus conhecimentos morrerão comigo, pois nenhuma de minhas filhas se interessou por aprender os trabalhos manuais que eu poderia ensinar.

Hoje, quando me perguntam minha profissão, fico sempre em dúvida: serei eu industrial, ou economista, profissão que pouco exerci, ou ainda aposentada? Às vezes gosto de me apresentar como escritora, apesar de ainda não me sentir uma após o lançamento de apenas um livro e com outro saindo do forno. As crônicas, estas sim, são muito constantes, mas ainda assim isso não é profissão, e sim devoção, pois coitadinho daquele, exceção feita a um tal Coelho, que deseje viver de escrever no nosso tão deseducado país. No fundo do meu coração, acho que minha real profissão é costureira. Isso sim, exerci durante minha vida profissional diuturnamente, pois muitas vezes trabalhava nos fins de semana e noite adentro.

Hoje, posso me dar ao luxo de presentear alguma amiga com um vestido de noiva ou fazer roupas para mim, minhas filhas e agora minha netinha. Estava agora mesmo fazendo um sapatinho de crochê para uma menininha que vai nascer. Em cada ponto, estava carinho e amor, e a garotinha certamente sentirá muitas energias boas quando calçada com ele.

Acho que vou montar uma clínica de recuperação de workaholics, ou de viciados em videogame, ou ainda, viciados em celular e redes sociais. Estou certa de que muitos se recuperariam rapidamente fazendo trabalhos manuais. Acredito mais ainda no tricô e crochê por serem repetitivos, e tirarem de circulação todos os pensamentos que porventura estiverem desconcentrando o trabalho. O melhor de tudo é que, se porventura ocorrer algum erro, é só desmanchar e recomeçar, sem preocupações de terminar rapidamente o serviço. Caso todo o trabalho se perca, a despesa será muito pequena.

Sei que existe um certo preconceito acerca de homens fazendo esses trabalhos, mas estou certa de que são os que mais necessitam.

Portanto, rapaziada, mãos à obra, agarrem duas agulhas de tricô, uns dois novelos de lã para fazer um lindo cachecol e repitam comigo:

Um ponto, uma laçada, pega dois. Um ponto, uma laçada, pega dois. Um ponto, uma laçada, pega dois.

# Diário de uma paixão

Um dos dois homens que eu amo saiu levando o outro consigo.

Com toda essa polêmica sobre biografias, autorizadas ou não, resolvi — caso um dia venha a ser muito famosa e alguém queira tirar proveito — contar toda a verdade de próprio punho: EU AMO DOIS HOMENS.

A princípio, pensei ser isso impossível, muito tolinha, quando achava que sabia tudo. Hoje tenho consciência de que ninguém sabe nada, ou tendendo a nada, se considerarmos a quantidade de conhecimentos possíveis se possível fosse essa consideração.

Quando tudo começou, e conheci aquele homem, fiquei muito intrigada. Ele era tão lindo, e eu nem me dava conta disso. O que mais me fascinava era o seu jeito que hoje entendo bem, mas muitos lustros se passaram para que essa consciência se desse. Ele parecia saber de alguma coisa que o resto da humanidade desconhecia, às vezes ainda penso isso. Eu era uma menina, tinha medo daquele relacionamento. Como me comportar, para não parecer infantil, sem conhecimentos e maturidade para arremedar uma mulher? Ele, ainda menino também, estava tentando arremedar um adulto.

Levou tempo para eu conhecer o outro homem, que eu já amava, ainda sem ter consciência.

Todos os dias eram de contendas. Exauridos, ao fim da jornada, sempre deixávamos espaço e uma deixa para o próximo capítulo, recusando-nos a capitular. E assim foi. Como peças de um quebra-cabeças, íamos nos encaixando pelas beiradas, e tomava forma o quadro que viria se compor. O xadrez de nós dava empate todas as noites. Nunca desistimos. Resolvemos que assim seria, contra tudo e contra nós mesmos.

Eu estava apaixonada, mas algo me faltava. Ele não era suficiente. Eu precisava de mais, mas só havia aquele rapaz sério, o delírio de toda sogra. Eu não queria somente um esposo. Queria tudo. Queria rompimento de barragens e barreiras de som. Queria o Monte Everest e queria regiões abissais. Queria o branco e o negro, cinquenta tons de cinza não me satisfaziam. Queria o certo e o errado, a bela e a fera, o príncipe e o ogro.

O que será que somente ele sabia?

Sabia do outro muito antes do que eu, mas o mantinha cativo, por medo do descontrole. Ao fim, não conseguiu contê-lo, pois apesar de mais sabido o outro era mais forte e foi rompendo as amarras, e foi se deixando conhecer, e foi se deixando amar por inteiro: duas almas opostas num ser humano perfeito.

Embora um me dê a segurança dos pés no chão, o outro me faz voar. Confesso que gosto mais do outro, mas não poderia viver sem o oficial, que ainda é polêmico. Me divirto mesmo é com o outro. Um saiu deixando tarefas para eu cumprir; o outro me deixou recordações.

Podem ir e me deixar aqui, com saudades de um e necessidade do outro; entendam-se bem antes de voltar, resolvam suas pendengas, mas voltem uno, pois tem uma mulher arremedando uma menina à espera de vocês.

# Cozinha nova

Todo mundo gosta de conforto, atenção e mordomia. É muito bom entrar numa loja onde todo mundo te trata como você gostaria de ser tratado cotidianamente, mesmo sabendo que quem está pagando pelo capuccino e água Perrier é você mesma, mesmo sabendo que estão te paparicando porque a pessoa que deveria ter te atendido está atrasada. Nada disso importa, pois você pensa: *Poderia ser muito pior, eu poderia estar esperando lá fora no frio com ninguém tentando me animar e me fazer esquecer que vou chegar atrasada ao próximo compromisso.*

Dentro do orçamento estonteante que te passam está embutido também o preço do treinamento para as pessoas melhor te convencerem de que está fazendo um negócio da China.

Por falar em outros países, como estou sempre indo para os Estados Unidos, uma coisa me chama a atenção: quando você é cliente ou comprador, todos têm um sorriso de anúncio de dentifrício. Muitas vezes somos atendidos por funcionários e vendedores negros, que te tratam como se você fosse um parente querido que não viam há muito tempo; entretanto, assim que a porta se fecha atrás deles, depois de seu turno, seus olhares para alguém que tem apenas um tom de pele abaixo de sua própria cor é o de quem julga que você foi pessoalmente à África caçar seus parentes para que viessem se tornar escravos nas lavouras de algodão do Sul. Aqui no Brasil, as coisas são um pouco diferentes, felizmente.

Saber treinar um funcionário é uma arte muito difícil. Tenho umas pessoas que já trabalham comigo há milênios, e sempre que tenho algum evento, todos se admiram com que tranquilidade o enfrento, na certeza de que tudo estará pronto perfeitamente a tempo para que eu possa usufruir também da parte boa. Sorte? Um pouco, mas muito tempo de ensinamentos, até que a pessoa que chegou de outra realidade completamente diferente possa oferecer um atendimento de primeira.

Pois bem, depois de esperar um bocado pelo atendente, fui tão bem tratada que, em poucos minutos, minha paciência que hoje acordou pouca já havia retornado a níveis muito adequados. Ao ver o valor que me foi destinado numa tela de televisão gigantesca, que não daria margem a dúvida alguma, nem me abalei, quando na verdade deveria ter dado um grito de pavor.

É assim mesmo, um jogo de gato e rato. Ele finge que o preço é baixo e eu finjo que não me importo, mas antes de a negociação terminar muita água irá rolar por debaixo da ponte. Ahã, sei muito bem fazer cara de dondoca deslumbrada, mas me lembro muito bem de onde venho e sei muito bem aonde quero chegar, e não será jogando fora o fruto de muito trabalho que isso vai acontecer.

Espero que em pouco tempo eu possa receber em minha nova cozinha grandes amigos e cozinheiros, pois eu mesma fico devendo nesse quesito.

# Vírus

Desde que vi aquela mulher, me decidi. Aquele corpo seria meu.

Tenho muita consciência de meu poder, e sabia de antemão que ela não teria armas que pudessem me afastar. Um beijo! Somente um único beijo e ela estaria em meu poder. Seria a parte mais complicada, pois não estava sendo fácil fazer com que ela se interessasse por esse sujeito sentado no bar, com cara de semimorto. Teria que tomar a dianteira, vencer a inércia e partir pra cima. A julgar pelo alto teor etílico dela no momento, seria mais fácil que empurrar bêbado em ladeira.

Vamos lá! Coragem, homem! É tudo o que te peço. Pare com esse tremor nas mãos e aproveite sua temperatura alta como mais um atrativo, depois você pode descansar e deixar que a natureza tome seu tempo.

Vejo seus lábios se aproximando e me preparo para o breve momento de paixão, tenho muito pouco tempo e não posso errar o bote.

Oba! Consegui, mais algum tempo dentro daquele homem e já não sobreviveria mais. Havia já alguns dias que estava no antibiótico e suas defesas estavam cada vez mais fortalecidas. Já tinha visto sucumbir ao meu lado milhões dos da minha espécie, e queria uma outra oportunidade; estar na saliva do homem foi fundamental como porta de saída estratégica para a tomada de um novo corpo.

Muito bem, agora é me multiplicar o mais rapidamente possível para me certificar de que a invasão será bem-sucedida. Enquanto me ocupo disso, vejo que a mulher ainda permanece no bar dançando freneticamente, isso é excelente, pois quanto mais cansada, menos terá forças para lutar contra meu poderoso exército.

Por enquanto, tudo está correndo conforme minhas previsões. Daqui a pouco ela vai pra casa dormir e quando acordar... SURPRESA! Lá estarei eu de posse de seu corpo. Já vai se levantar com o corpo doendo, os olhos ardendo e a cabeça latejando. Enquanto ela toma alguma coisa para ressaca — tolinha! — vou continuando meu trabalho. Quando ela se der conta do que está acontecendo, será tarde demais.

Tomou somente uma xícara de café e vai trabalhar? Ótimo! Quanto mais fraca, melhor. A essas alturas, o enjoo que sentiu a noite toda já está instalado de forma permanente. O café não vai ajudar, preciso me esconder para não ser eliminado juntamente com os restos da refeição de ontem. Já estou perdendo energia, mas continuarei me reproduzindo infinitas vezes.

Já sabia. Ela não aguentou a jornada de trabalho completa e já está voltando pra casa. Seu corpo está com calafrios e a temperatura está subindo, tomara que ela tome um antitérmico, pois a febre só faz mal pra mim, muitos se perdem nessa jornada.

Opa! Cobertor? A temperatura vai subir ainda mais. Já começou a tossir, pena que não tenha mais ninguém para eu poder mudar mais uma vez de hospedeiro, se não encontrar rapidamente alguém pelo caminho, para um abraço e um beijinho, ou, pelo menos, um aperto de mão. Vou me preparar pra pular para sua mão em sua próxima tosse, para facilitar a minha vida.

Mas o que é isso! Socorro! Sabia que essa mulher não era confiável, isso que ela está pegando no criado-mudo é álcool gel?

Não! Não! Socorrooooo!

# Vou voltar homem

Presa num engarrafamento em São Paulo, nada mais me restava a não ser me conformar como sempre e ouvir uma música no rádio. Aliás, já percebi que a coisa que mais incomoda no trânsito parado é a premência de chegar a algum compromisso; portanto, procuro marcar os meus com bastante folga e não me estresso mais.

Escutei uma música muito simpática, americana, cuja letra, segundo presumi, dizia que a garota voltaria como homem na próxima encarnação. Era meio fraquinha, mas a ideia muito interessante para se divagar.

Que motivos levariam uma mulher a querer voltar na forma de homem? Vários, com certeza. Penso que os homens levam a vida mais levemente, não veem pequenos problemas, e, quando os veem, não se incomodam muito, por exemplo: são raros os que se perturbam com toalhas molhadas jogadas juntamente com suas cuecas no chão do banheiro ou com o jornal todo bagunçado. Já viu algum que percebe que os guardanapos não combinam com a toalha? Também nem ligam se a toalha é de tecido ordinário, quando poderia ser de linho.

O que mais me encanta em sua maneira de viver é a franqueza. Não têm o mínimo pudor de mandar os outros pra tudo quanto é canto e sair andando, sem nenhum ressentimento. Hoje, as mulheres também mandam, mas carregam consigo mágoas eternas, com certeza vão ter um ataque de mulherice chorando baldes dentro do banheiro para que ninguém perceba sua fraqueza. Pior ainda, sentem-se aviltadas por tentarem se equiparar aos homens em suas malcriações, sem ter as bolas necessárias para isso.

Fico realmente encantada por ver que os homens, quando jogam, brigam, discutem e saem do campo ou da quadra como os mesmos grandes amigos que eram antes das partidas ou jogos, e vão comemorar a vida tomando uma cerveja. Já as mulheres sorriem meio amarelo e se chamam de "querida", mas o ressentimento está calado no mais fundo de sua alma.

A simplicidade também habita seus bagunçados armários, onde têm pelo menos uma calça jeans e uma "arrumada", um tênis para esportes e um para "sair" e um sapato preto que combina com tudo — tudo isso tem, no máximo, um salto de dois centímetros de altura — camisa branca ou azul claro e umas camisetas do tipo "quanto mais velha melhor".

As unhas são cortadas com Trim no farol e já estão "feitas", os cabelos cortados uma vez a cada dois meses e já estão prontos para qualquer ocasião. Maquiagem, nem pensar. A limpeza de pele também é feita no farol, no espelho retrovisor. Pensando nas salas de tortura que são os salões de cabeleireiro, sinto muita inveja deles.

Quando imagino uma escala de cinquenta tons de cinza entre o branco e o preto, que seria a distância entre ser mulher e ser homem, eu ficaria com certeza num tom grafite. Nunca me imagino sair chorando e correndo de alguma situação. Sempre gostei muito mais de brincar com os meninos na rua do que com as meninas, nem tinha boneca, aliás.

Sim, ser homem deve ser muito bom, mas eu não trocaria de gênero nem a pau. Ser mulher é demais, ainda mais se já se tem experiência suficiente para se saber o que isso significa: somos poderosas!!! Temos o dom de criar a vida!

Tem uma mocinha que conheço que daqui a poucos minutos vai se transformar numa mulher, numa guerreira, numa fera pronta para atacar e defender seu tesouro mais precioso. Não queria estar na linha de fogo, ainda bem que sou sua cor-religionária.

Tchau! Estou indo para a maternidade ver minha neta, minha Helena que já vai nascer.

# DESCULPAS

Meio sem inspiração para a crônica, fui postergando e deixei para depois do meu treino de tênis. Lá chegando, meu treinador de muitos anos foi logo me dizendo que eu hoje estava meio sem energia. Acertou na mosca, uma vez que peguei uma virose do capeta que me derrubou por um dia e tirou minha vitalidade por outros cinco. Depois de várias trocas de bolas, onde eu tentava meio em vão alcançar e rebater cada uma das bolas maldosas com que ele faz meu treino, ele me convidou para uma partidinha de vinte e um pontos. Antes de dar o primeiro saque já fui logo dizendo que hoje eu tinha desculpa, pois ainda estava me recuperando, ao que ele retrucou dizendo que um dia ainda escreveria um livro sobre as desculpas que os tenistas arranjam para o fracasso no jogo.

Vi aí a oportunidade de resolver o meu problema de falta de inspiração, pois não queria comentar de jeito nenhum a decepção que nós brasileiros sofremos com a última pá de cal dada pelo ministro, enterrando de uma vez nossa justiça. Ainda teremos que amargar muito tempo ainda essa lenga-lenga que antecederá a pizza, cuja massa já está sendo sovada pelo nosso Maquiavel tupiniquim.

Voltando ao assunto mais ameno e divertido, devo salientar que nós, mulheres, somos campeãs e deixamos os varões comendo poeira no quesito "desculpas para as derrotas" — logo de cara, as que ainda, ao contrário de mim — que já estou na menopausa há muitos anos —, pelo menos uma vez por mês têm a queixa dos males causados pela menstruação, que, cá entre nós, são muitos mesmo. Entretanto, mesmo assim ninguém desiste do jogo por antecipação, já tendo uma esfarrapada na ponta da língua para o término da contenda.

Outra que também usei hoje foi que joguei ontem à noite por muito tempo, e hoje estava com a musculatura fatigada, portanto, não poderia render adequadamente. Esta também é uma das mais utilizadas.

Os maridos também levam grande parte da culpa pelas falhas ocorridas entre as raquetadas. Esses impertinentes estão sempre perturbando e atrapalhando nosso jogo. O meu, por exemplo, por duas vezes durante finais de campeonato, no meio de jogos duríssimos, teve a petulância de me perguntar apontando o relógio se o jogo ainda ia demorar muito, pois estava com fome, sendo que numa das vezes trouxe uma prima para jantar e ficaram me esperando. A pressão foi demais, e "por isso" acabei perdendo os jogos.

Esta semana mesmo vi acontecer de uma jogadora reclamar e culpar o cheiro de esterco que vinha do jardim adjacente à quadra por estar tomando uma tunda de uma jogadora muito superior, e que com cheiro ou sem cheiro, diga-se de passagem, ganharia sempre de lavada — que o odor batia dos dois lados, mesmo porque a cada dois "games" as jogadoras devem trocar de lado.

Já vi gente se queixar do canto dos passarinhos, dos pegadores de bola que são muito lentos ou desatentos, de pessoas que passam ao lado das quadras. Tudo isso, que parece até engraçado, é muito importante para nós, fanáticas pelo esporte, mas vejo casos de pessoas que notoriamente cometeram abusos na área pública e agora apontam dedos nas direções de nossos nefastos políticos corruptos.

Sempre comento com meu marido, muito amado, apesar dos fatos que relatei anteriormente, que a gente sempre arranja alguma desculpa quando as coisas se referem a nós. Tenho certeza de que aqueles seis ministros, quando estão sozinhos no recinto de seus banheiros, devem pensar: *??????*

Não consigo fazer nem ideia do que eles pensam que poderão dizer para se desculpar com toda a nação que contava com eles.

# COMO TREINAR O SEU DRAGÃO

Era uma vez um reino muito distante, a bem da verdade nem era reino e também não era muito distante, onde vivia uma linda donzela, bem, nem tanto assim, que sonhava com seu príncipe encantado, mas que também poderia ser um bom cantador de pagode cheio da nota. A mocinha, em sua cama toda cor-de--rosa, elaborava durante as noites projetos magníficos para sua vida, enquanto observava o voo e o zumbido irritante dos perni-longos que povoavam seu teto enquanto lia livros em seu tablet. Ficava admirada com o tamanho dos insetos, que mais pereciam bombas de sucção do que qualquer outra coisa.

Pois bem, um belo dia surgiu alguma coisa incomum, como em todo conto de fadas que se preze. Uma das muriçocas pareceu muito grande diante de seus olhos arregalados, e quando chegou mais perto e já não tinha mais como expressar seu espanto, observou que o bichinho não era nenhum mosquito ou qualquer outro inseto que ela já tivesse visto. Não sabia iden-tificar a criaturinha, que, pelas feições, parecia mais um bebê--dinossauro. Bobinha que era, logo se encantou pelo bichinho. Foi chegando cada vez mais perto, bem lentamente, imaginando que a qualquer momento ele poderia sair voando para longe, mas não foi o que aconteceu, aquela gracinha ficou paradinha a ponto de a quase donzela finalmente esticar a mão e com toda a delicadeza colocá-la em sua palma. Ali o bichinho fazia barulhinhos e gestos enternecedores, e de pronto a mocinha ficou encantada e decidiu que ficaria com ele.

Os dias tornaram-se semanas, as semanas meses e os meses anos, e como era de se esperar, o filhote cresceu, e cresceu muito, revelando-se um dragão. Com os carinhos e bons tratos de sua dona, tornou-se educado e gentil, sem nunca ter saído daquele quarto, que pensava que era tudo o que existia.

Finalmente, a mocinha conheceu alguém que fazia seu coraçãozinho bater mais forte, e começou a negligenciar seu amiguinho, deixando-o por muito tempo sozinho e com tempo para pensar; e o ócio, como todos sabemos, não é bom conselheiro. Cismou que queria sair atrás da mocinha para ver o que ela fazia, e apesar de todas as advertência e proibições, um belo dia o dragão, que já sabia cuspir fogo há muito tempo, decidiu queimar a janela e saiu voando, para enfim conhecer tudo aquilo que lhe havia sido negado até aquela data. Um sentimento novo se instalou em seu coração de dragão: o ressentimento.

Quando a mocinha voltou para casa, notou que havia algo de novo; interpelou seu animalzinho de estimação sobre o que se passava e, tendo obtido como resposta um "Nada!", imediatamente reconheceu que ali estava uma fêmea.

A dragoa acostumou-se a fugir todos os dias, sobrevoando o reino que não era reino, e logo aprendeu a revolta por ter estado presa por tantos anos por egoísmo de sua dona. Decidiu então se livrar de sua carcereira naquela mesma noite.

Ao sentir a pata escamosa e pesada em seu pescoço, a donzela, que não era mais donzela a ponto de desfalecer, finalmente acordou assustada.

A luz azulada revelava em sua *touchscreen* a figura de um dragãozinho na mão muito bem cuidada de uma mulher, convidando para o jogo "Como treinar seu dragão".

Moral da história: nunca tente aprisionar o dragão que mora em você. Melhor ainda: nunca adormeça com o tablet no seu pescoço.

# Independência

Hoje, dia da comemoração da independência do Brasil, achei inspiração para alguns comentários sobre o país na capa de uma revista que alardeava vinte motivos para termos orgulho desta nossa pátria tão amada.

Frustração total: os motivos apresentados mostraram-se tão irrelevantes que nem vou usá-los, mas a ideia valeu. Decantar as maravilhas da natureza é chover no molhado, mas vou aproveitar aqui para usar os ensinamentos de um grande técnico esportivo que ouvi esta semana.

O talento é muito importante, mas não suficiente para formar um atleta de ponta. Creio que o mesmo vale para a nossa nação. Talento temos de sobra, falta-nos justamente o resto: comprometimento, ética, muito trabalho, dedicação e abdicação de prazeres para a obtenção de um bem maior. Estou aqui falando como um todo, pois em casos pontuais vemos todas essas qualidades às quais acabei de me referir.

Podemos considerar como talento, algo que já vem embutido no DNA, no caso do Brasil seu potencial energético, agropecuário, suas riquezas minerais, clima ameno, suas belezas diversificadas, que facilitam o turismo para todos os gostos, seu povo esforçado e trabalhador, alegre e solidário, mas ingênuo, e facilmente manipulável. Um povo ainda tão crédulo que, por pouco mais do que bugigangas, se deixa enganar e manobrar como os mais primitivos.

Quando hoje poderíamos estar com uma riqueza avolumada pelo trabalho, vemos que a estagnação se aproxima célere, com os nossos jovens sendo criados à custa de donativos e não acostumados ao fato de que somente o trabalho traz o desenvolvimento. Hoje, naturalmente, não se satisfazem somente com pão e circo, coisa barata e ainda disponível para os mais carentes. Ao receberem esses óbolos, esses jovens deveriam, como contrapartida da família, estar estudando e se preparando para o futuro, mas nada lhes foi exigido além do voto; e hoje demandam terras — não para trabalhar, mas para vender —, moradia, transporte etc. A grande massa trabalhadora que sustenta todos eles, e mais o governo com suas despesas exorbitantes no custeio de mordomias e desvios, já está dando sinais de fraqueza, e logo a galinha dos ovos de ouro não terá mais capacidade de prover as necessidades.

Acorde, meu povo! Abra os olhos para ver que quem hoje brada contra o que chama — erroneamente — de elites, referindo-se à propriedade de bens materiais, nada de braçada nas próprias riquezas, auferidas de maneira sórdida, tirando o que deveria ter sido benefício para a população. Tudo aquilo que foi criticado quando cometido por outros hoje faz parte do cotidiano deste governo, que esfrega nas nossas caras a ostentação e o esbanjamento. Quem nunca comeu melado...

Vou aqui fazer um parêntese para citar o caso dos médicos cubanos. O que faziam essas pessoas em seu país de origem, tão pequeno, uma ilha, que puderam simplesmente abandonar seus próprios doentes e vir cuidar do que não é de sua conta? Uma quantidade assim tão grande não fará falta lá? Dizem que vieram para ajudar, e não os critico, todos querem melhorar de vida e a vida em seu país não é nada fácil. Mas por que pagar tanto para o seu governo, e não para os próprios médicos? Além do mais, estou certa de que nossos profissionais de saúde, por essas cifras, se disporiam a enfrentar os rincões do Brasil.

Como não poderia deixar de ser, brasileira que sou, deixo aqui minha mensagem de esperança de dias melhores; mas nós é que temos que fazer acontecer, pois como citei lá no começo sobre o esporte, as coisas não caem nos nossos colos.

Hoje, dia do aniversário de nossa independência, estarei me pronunciando nas avenidas e lutando do meu jeito pelo país que não consegui para meus filhos, mas, quem sabe, conseguirei para os meus netos e seus descendentes.

# Anjo

**O** velho padre acordou assustado. Estava acostumado a alguns ruídos que as almas desesperadas da madrugada faziam na nave da igreja, e até a alguma algazarra promovida pelos estudantes embriagados nas noites quentes de verão, procurando se rebelar contra qualquer coisa que ele poderia ignorar.

A noite de tempestade, com seus trovões, até aquela hora não tinha sequer alterado o ritmo lento e pesado de seu ressonar.

Seu sono era seletivo, portanto não seria qualquer barulhinho que iria despertá-lo àquela hora da noite; no entanto, o estrondo tinha sido de tal monta que era impossível não se levantar para ir averiguar.

Dessa vez a moça tinha ido longe demais. Com os olhos ardendo, tateou à procura dos óculos, deixando cair o copo d'água. Não havia como não blasfemar. Na manhã seguinte suas orações teriam que ser dobradas, por causa do linguajar impensado. Quando calçou os chinelos molhados, teve a compostura de calar os maus pensamentos, mas estava bastante enfurecido e não havia como se tranquilizar. Essa molecada haveria de pagar uma penitência bem cara.

A cidadezinha modorrenta do interior de São Paulo estava rapidamente se transformando num cadinho efervescente de gente esquisita; marginais foragidos da capital à procura de paragens mais seguras para a prática de seus atos de gatunagem e tráfico de drogas tinham trazido para o seio da comunidade religiosa todos os vícios que esta sempre temera.

As famílias já não eram tão exigentes com as novas gerações, mas nada ainda que se comparasse às dificuldades das grandes metrópoles. A meninada começava a se sentir mais dona de seus narizinhos arrebitados e a enfrentar os pais, que já não sabiam mais como agir, querendo ser modernos como preconizavam a psicologia e os capítulos das novelas de televisão, a que assistiam extasiados.

Os professores também começavam a sentir dificuldades para manter a hierarquia dentro da escola, pois não podiam mais contar com o respaldo das autoridades paterna e materna. As drogas começaram a arrebatar, como animais predadores, os mais fracos do rebanho.

Foi com todos esses pensamentos que o velho pároco, arrastando os passos cansados, se dirigiu para o altar-mor.

O grande lustre estava apagado. A "catedral", como o padre gostava de chamar, recebera a luminária como doação do dono dos maiores cafezais da fase de ouro do café no Brasil. Este acreditava poder encontrar consolo especial nos braços de Nossa Senhora, por ocasião de sua morte, pela oferenda à igreja. A Santa poderia mais facilmente perdoar todas as amásias que tinham tirado a alegria dos lábios de sua esposa, assim como as artimanhas empregadas para tirar do mercado os pequenos produtores locais, se achando redimido, já que afinal a região acabara muito mais valorizada.

A princípio, o velho religioso não conseguiu entender o quadro que se deparava diante dele, uma vez que a luz vinda do corredor não era suficiente para iluminar toda a cena. Mas os raios mostravam uma realidade aterradora. Resolveu retornar e acender o grande candelabro.

Voltou, dessa vez se empenhando em dar uns passinhos de corrida que se mostraram absolutamente inócuos, pois o tempo de volta a passo esbaforido não sofreu nenhuma alteração comparado ao de ida.

Nem em seus mais terríveis pesadelos o pobre velho poderia imaginar cena tão dantesca como a que se apresentava diante de seus olhos cansados. Os gemidos de agonia que escutava não se coadunavam com o sorriso de satisfação do homem que agonizava, bem no meio do altar-mor.

Era preciso chamar ajuda, e o telefone estava na sacristia. Quando ia se afastando, ouviu chamar seu nome.

— Padre Olavo!

Quem era aquela pessoa? Não estava conseguindo distinguir suas feições.

— Diga, meu filho! Quem é você? O que aconteceu? Vou chamar uma ambulância. — Não, Padre Olavo. Não dá tempo. Vou morrer logo.

O sorriso de satisfação ainda permanecia em seu rosto.

— Sou Leomar, o Leozinho. Ajudava o senhor como coroinha da igreja.

— Sim, meu filho, estou me lembrando.

O rapaz estava irreconhecível, debaixo de tanta sujeira velha, o cabelo desgrenhado e sebento, molhado da chuva, os escombros por cima.

A história do rapaz tinha corrido a cidade cerca de uns cinco anos atrás. Bom de bola desde moleque, tinha ido para um grande time de futebol e já estava brilhando nos gramados dos grandes estádios do país. Já havia sido convidado por um importante time na Europa, mas estava esperando para viajar já casado com a namoradinha de infância, a quem adorava.

*Este seria o ano em que ele provavelmente jogaria sua primeira Copa do Mundo* — pensou o padre.

Enquanto esperava a noiva terminar o colégio, ia afastando as saudades com telefonemas e trocas de mensagens, e quanto mais convivia com os brutamontes dos campos de futebol, mais a doce lembrança do sorriso infantil da garota o levava a se afastar das Marias-Chuteiras que começavam a aparecer em sua vida.

Tinha conhecido Mariana — Nana, como costumava chamá-la — ainda na escola. Era a irmãzinha pequena de um colega. Havia algo na menina que o encantara, e quando a encontrava tinha sempre paciência com suas criancices, até brincava às vezes com ela, apesar da diferença de idade.

Tendo ido para a Capital, ficou alguns anos ser ver a menininha. Nem se lembrava mais dela quando, por ocasião de uma visita para o dia das mães, organizaram um bate-bola com o antigo time do colégio. Foi quando Leozinho tornou a ver Nana, o sorriso encantador, os olhos de lago ao entardecer, os cabelos volteando o pescoço e renascendo livres num breve lufar de vento. O corpo continuava franzino, mas as formas arredondadas dos quadris e seios já deixavam antever a linda mulher em que se tornaria. Os olhos, por um breve momento, se encontraram, se reconheceram — um amor antigo de outras vidas, um reconhecimento de almas. Logo a ainda moleca saiu correndo atrás de uma bola que caíra fora do campo, levando consigo o olhar do craque.

— Leomar! O que aconteceu?

— Vim buscar a Nana.

— Meu filho, a Mariana está ao lado de Deus, com os anjos.

— Padre! Esse anjo levou ela de mim, vim buscar, agora ela está livre. Naquela noite eu vi quando ele a abraçou e a enrolou dentro de suas asas.

Tinha sido uma festa linda, o casamento. Os jardins da casa nova testemunharam junto com os amigos a troca de promessas de amor e fidelidade dos noivos, Leozinho muito orgulhoso de poder morar numa casa tão linda, comprada com muito suor.

Os amigos, animados, já haviam consumido muita bebida, e de tanto insistirem, Leomar também provou um pouco. Desacostumado, foi presa fácil da bebedeira. Era fim de tarde, somente os amigos mais íntimos permaneciam, e, completamente embriagados, jogavam uns aos outros dentro da piscina.

Nana recuperou seu noivo trazendo roupas secas e o arrastando para o carro que os levaria para o aeroporto em São Paulo.

Na estrada, estavam tão felizes! Leozinho ria à toa. Passou a mão pelo pescoço de sua amada e a trouxe para perto de si para o último beijo. Nesse movimento, torceu a direção.

— Padre Olavo, sei que é pecado, mas odiei esse anjo que vi abraçar a Nana com suas asas e levar ela para longe de mim. As asas enroladas diante do peito escondiam Nana, mas agora ele vai ter que dar liberdade a ela. Eu derrubei ele, Padre Olavo, me desculpe.

— Meu filho, me deixe chamar a ambulância.

— Não, padre, só me perdoe, que vou atrás da Nana. A bênção, Padre... Nana!

# Dor na alma

Sempre tive para mim que de todos os males que assolam o ser humano a depressão é o pior.

Quantas vezes nos deparamos com pessoas que fisicamente estão ou nasceram com sérios problemas, mas que encaram as adversidades com um sorriso no rosto? Muitas vezes são a alegria do grupo, ou seja, conseguem conviver com suas deficiências de maneira positiva; outras, no entanto, que aparentemente apenas teriam motivos de felicidade, considerando-se aparência física, grau de educação, condição econômica e financeira, vivem afundadas no terrível poço sem fundo da tristeza.

Aprendi há pouco que essa doença, a depressão, é causada por desequilíbrios químicos; seus sintomas são variados, e nada tem a ver com a depressão que surge quando algum fato real desencadeante ocorre — esta última é passageira, o passar do tempo e mecanismos de defesa que o próprio ser humano possui como, por exemplo, procurar distrações, trabalho etc. acabam por dissipar o problema.

Nos quadros mais sérios, não é raro a pessoa tentar superar esses desequilíbrios valendo-se do apoio de bebidas e drogas ilícitas. Não percebe, muitas vezes, que já se tornou dependente, e está sempre em negação: acredita estar simplesmente se divertindo quando na verdade está tentando se esconder da realidade. Procura a companhia de pessoas que não a julguem e, na maioria das vezes, nem se importam realmente com ela, e daí se instala o círculo vicioso.

Por tudo o que tenho lido a respeito, concluo que a família e amigos de longa data são fundamentais para a recuperação dessas pessoas; entretanto, o processo é extremamente difícil e desgastante, tanto para o paciente como para aqueles que estão lhe dando suporte.

O grande questionamento para essas famílias e amigos é: como proceder? Como se pode auxiliar essas pessoas no seu longo e atormentado caminho de volta?

Acredito que a proximidade e os sentimentos envolvidos acabem sendo fatores de agravamento na capacidade de lidar com o problema. Com que coração pode a mãe de alguém que está sofrendo se colocar de maneira racional, e tratar o assunto como se fosse algum desconhecido? O pior é se sentir de mãos atadas, vendo a criança que ela conheceu e que ainda ama como se criança fosse, num labirinto inexpugnável, tateando as paredes na busca da saída. Como ensinar a essa criatura o caminho de volta, se ela se recusa a estender a mão? Se, ao contrário, como uma criança assustada, deixa rastros, na esperança de que seja entendida e ajudada?

Percebo também que a religião é importante em muitos desses casos. Poder colocar seus problemas nas mãos de uma entidade superior e descansar, na certeza de que seus problemas serão resolvidos, seguramente acalanta a alma atormentada.

Àquelas pessoas que se encontram vítimas desse flagelo, só posso recomendar que procurem os que as amam realmente, e exponham sua alma com coragem; basta um instante de coragem alucinada, pois na maioria das vezes o bicho-papão não é tão feio como parece.

# A CASA NO LAGO

A modorra vai se dissipando suavemente e o silêncio invade meus ouvidos, com um chiado constante. A visão está tomada por um intenso branco de leite aguado e quero muito despertar, mas o sono ainda me invade em ondas e o corpo permanece inerte. Aos poucos, outro sonho toma minha mente com visões de criaturas imaginárias em carreira desabalada, competindo comigo sentada em uma cadeira que também estava se movendo freneticamente. Certamente, a conversa sobre animais silvestres exóticos que estão invadindo os pântanos da Flórida — trazidos como animais de estimação e depois abandonados, e que estão se multiplicando vertiginosamente no ambiente propício, devido ao calor e à umidade — levaram-me a esse pesadelo matinal. As manchas no lombo da criatura que me acompanhava de perto finalmente se mostraram como a estampa inofensiva de meu travesseiro, e o ruído que emitia não passava do ressonar profundo do homem adormecido ao meu lado.

Imagens, estas sim, reais, se formaram na lembrança do dia cotidiano de ontem.

Na primeira vez em que vi a orla do lago, suas areias muito brancas, sombreadas por pinheiros durante o inverno, me levaram a crer por um breve momento que se tratava de uma paisagem de lugar com neve. A caminhada pelo local, deixando ver grande quantidade de pegadas de animais silvestres, foi deliciosa, e parecia muito estranho ver uma vida tão selvagem a nossos pés, ao mesmo tempo em que se podia divisar na outra margem os sinais de uma civilização tão adiantada.

O passeio pelas ruas impecáveis do condomínio, totalmente ermas, dando a impressão de que caminhávamos por uma maquete gigante, me fizeram pensar que o mundo tinha finalmente se acabado, e que restara na Terra apenas nós dois, casal enamorado, com a tarefa inglória de repovoar o planeta.

O sol intenso reluzia sobre as águas tranquilas, convidando a mergulhar enquanto o barco deslizava suavemente na busca de locais propícios para o lançamento da isca, que atrairia um dos muitos peixes que habitavam a lagoa. Com certeza algum mais desavisado sucumbiria à curiosidade daquela minhoca artificial que bamboleava na ponta da linha.

A água estava na temperatura exata para o meu gosto, e o calor intenso levou-me a um mergulho delicioso. Enquanto ali permanecia, não podia parar de pensar que a qualquer instante poderia ser alcançada por algum dos aligátores que habitam essas paragens. Foi de má vontade que rapidamente subi novamente no barco, e por alguns instantes a pele molhada, brilhando com suas gotículas sob o sol intenso, me propiciou um pouco de alívio do calor que sentia.

É um pouco frustrante estar sentada na varanda com um copo de refresco, admirando a magnífica paisagem que se estende diante de mim, enquanto penso que logo estarei voltando para o clima gelado de minha cidade, mas me consola a ideia de que estarei com minha gente feliz, minha família, meus amigos, minha história.

Enquanto isso, *cucaracha* que sou aqui nessas gringas terras, vou aproveitando enquanto posso, pois em breve estarei me despedindo com um *"Hasta la vista, baby!"*

# Nada deu certo naquela tarde
## (Bibi no barco)

Todos os dias os dois velhos amigos saíam para sua pescaria. Lá se vão muitos anos, começo do século XX, ainda nos tempos em que o rio Piracicaba era uma cornucópia de dourados. Era comum voltarem todas as tardes com meia dúzia de exemplares de mais de oito quilos. Parece história de pescador, mas é realidade. Vou contando a história desde o começo, com detalhes, para ficar mais interessante.

Leopoldo era o nome, mas todos o conheciam pela alcunha de Bibi, isso por causa daquele calhambeque: quando ele chegava com o veículo ia logo buzinando. Era dono da chácara Itaim, que viria a ser um dos bairros mais importantes de São Paulo, mas gostava mesmo era de pescar, daí ter se mudado para a cidade do interior famosa pela piscosidade de seu rio cheio de corredeiras, onde os dourados gostam de esperar suas presas: vai daí que é só passar com uma isca perto de qualquer desses pontos e é fatal, logo um relâmpago dourado estará se debatendo na ponta da linha.

\*\*\*

Nada estava dando certo naquela tarde.

Tivemos vários contratempos. O esquecimento da carretilha, depois as iscas que deveriam estar vivas, mas tinham sucumbido ao calor — e achar quem tivesse outros lambaris para vender àquela hora foi difícil —, depois, chegando ao barco, perceber que estava cheio de água da chuva que caíra depois do almoço, tivemos que esvaziar de canequinha. Tudo isso nos custou um atraso de mais de duas horas.

Até pensamos que não daria tempo de chegar à nossa corredeira favorita a tempo de ver o sol cair atrás das árvores, na melhor hora para pegar nossos peixes. É nesse ponto do dia que eles costumam caçar.

Enfim, tudo estava preparado: varas, carretilhas, iscas, alicate de ponta chata para agarrar o maxilar, de ponta fina para tirar o anzol, cordel para passar atrás dos olhos dos peixes e ainda mantê-los vivos. Lá fomos nós.

Sento na proa do barco e meu companheiro encarregado do motor fica na popa. Escuto quando ele puxa a corda para ligar o motor. Nessa hora, sempre fico torcendo para que o velho motor funcione de acordo. Para minha satisfação, por incrível que pareça, o ruído dá indicações de que o aparato funcionou de cara.

Saímos meio emburrados um com o outro, trocando acusações pelos imprevistos, mas o lindo dia com uma aragem amena foi nos esfriando a cabeça. Em cerca de cinco a dez minutos, chegamos muito próximos de nosso ponto preferido.

O rio rugia e forçava o barquinho para o lado das pedras, mas o velho motor estava dando conta do recado quando, subitamente, após o que pareceu ser uma tosse de pigarro, parou. Juntamente com o toar da água, pude ouvir o amigo puxando freneticamente o cordel do motor, mas este aparentemente tinha sucumbido, irremediavelmente. Ainda escutei alguns impropérios do pescador frustrado e depois um barulho de algo grande, caindo no rio. Eu estava tão zangado que nem olhava para trás, mas não pude deixar de questionar sobre aquele estrondo:

— O que aconteceu com o motor, Cachoeira?

— Pinchei no rio.

— Boa.

\*\*\*

Essa cena bucólica é para nós, habitantes do combalido planeta Terra, de difícil compreensão, tanto pela parte ecológica quanto pela psicológica. A tranquilidade e bonomia daqueles dois homens pescando dentro de uma cidade é hoje impensável. Dá até saudades de alguma coisa que a gente nem sabe o quê.

# Cor de rosa-choque

Esse olhar tão doce observa seus meninos com um amor imensurável. Amo tanto essa mulher!

Pudera! Quando ela entra em algum ambiente é logo notada, chama a atenção por seu porte de rainha altaneira e sensual, a inteligência irradiando para longe. O privilégio de sua companhia é muito desejado, já que ilumina o espaço com sua conversa interessante, entremeada de um humor muito fino.

Esteve por tanto tempo tão perto e tão distante de mim… E agora tenho a alegria e a satisfação de ter sua alma como companheira no cotidiano.

Lembro-me de como era comovente a visão daquela garotinha pedalando com sofreguidão, na tentativa de acompanhar os irmãos em suas bicicletas muito maiores —lutadora, contestadora, meiga.

A cada um de meus filhos atribuí uma canção logo que nasceram, levando em consideração suas personalidades; e por incrível que pareça, as músicas ainda servem perfeitamente. A da minha Ratinha Valente é "Cor de rosa-choque".

Por que será tão difícil falar sobre ela? Falham-me as palavras, normalmente tão amigas e prestimosas. Como definir o orgulho que sinto dessa pessoa de alma tão linda?

Minha menina, que procurava os caminhos mais difíceis

por achar entediante a banalidade, transmutou-se em mulher segura, líder de seu bando. Parece muito natural que todos a acompanhem em suas decisões, porque se mostra a amiga de todas as horas, proporcionando em seu lar um ambiente sempre alegre e festivo.

Foram muitas as horas de ansiedade e preocupação por seu destino, já que por seu temperamento e sagacidade, parecia difícil o encontro de pessoa que a ombreasse. Por casualidade, destino ou sorte, conheceu aquele que compôs com ela uma família deliciosa.

Como acontece com todas as mulheres, do corpo intumescido da mocinha nasce uma mulher muito mais corajosa, intuitiva, decidida e complacente; e esta mulher foi o que eu sempre desejei, e deu-me como presente o bem mais precioso que uma mulher pode almejar na maturidade, deu-me alegria e trouxe de volta a energia que começava a me faltar.

Todos os dias tenho a felicidade de poder estar no meio dessa família, desfrutando o amor dos seus filhos.

Seu destino já está delineado, como sempre o foi em sua mente, e com tenacidade e perseverança vai atingindo todas as metas que traçou.

Sei que minha missão com ela está completa, mas pretendo ficar por aqui por um bom tempo para brincar com os netos que ela me deu.

# Oriente x Ocidente

Hoje, em plena sexta-feira, estamos reunidas muitas mulheres, entre elas várias que adiaram compromissos inadiáveis unicamente para estarem reunidas num campeonato feminino de tênis. A data é especial, pois estamos comemorando dois anos desse grupo que vem aumentando em proporções geométricas.

No último confronto foram organizadas as chaves de maneira que jogavam, de um lado, mulheres de olhos puxadinhos, e do outro todas as outras. Entre as primeiras havia japonesas, coreanas, chinesas etc.; do outro lado, alemãs, portuguesas, italianas, espanholas etc. — todas nascidas no Brasil. Aquelas dos olhinhos apertados, com a feminilidade e doçura características da raça, deram uma lavada em todas as outras. Eu, uma das derrotadas, fiquei me questionando o motivo de derrota tão fragorosa. Tecnicamente, todas somos equivalentes, mas a partir do começo do jogo entram outros fatores. Gostaria de desenvolver um pouquinho este tema.

Voltemos à literatura. Li, durante minha juventude, alguns livros sobre as civilizações orientais; minha mãe tinha alguma ligação espiritual com o leste do planeta, e, quando morreu, lia um livro sobre uma imperatriz chinesa que mantenho em meu criado-mudo com a marcação na página que estava lendo. Acredito que tenha vindo daí meu interesse.

Havia um autor muito interessado no tema, James Clavell, do qual li *Casa Nobre* e *Shogun*, os dois sobre o Japão. Li também outros sobre a China, como *O Último Imperador*, e recentemente tive em minhas mãos o maravilhoso relato de uma jornalista chinesa sobre as condições sub-humanas em que ainda hoje vivem as mulheres de lá. Ter lido um pouco sobre as antigas e novas gerações me trouxe luz sobre as personalidades dessas deliciosas mulherzinhas, e me fez entender o que ocorreu por aqui.

A determinação inquebrantável, a paciência, o sentido de honra que determina uma grande vergonha na derrota, tudo isso faz com que essas guerreiras, verdadeiras samurais com sorrisos de gueixas, lutem tão bravamente por um mísero ponto no tênis, como fizeram seus ancestrais na época medieval para garantir a posse de seus feudos.

Nós, que somos por alguns instantes antagonistas dessas gueixas tropicais, ficamos exasperadas, observando o arsenal de golpes venenosos que arrancam de suas raquetes afiadas, como adagas cortando a bolinha. Tenho às vezes a impressão de que existe entre elas um compromisso de "vitória ou haraquiri".

Depois de tudo terminado, e de nosso campo de batalha apresentar tantas faces angustiadas, podíamos divisar os sorrisos simpáticos e humildes de nossas adversárias. Anfitriãs irrepreensíveis, nos mimam depois de tudo com suas delícias culinárias. Sendo boa perdedora, aceitei com resignação a derrota; entretanto, devo advertir a essas malvadinhas de que nossa vingança vem a cavalo.

Vamos nos preparar para o tira-teima.

# Mulherada no banheiro

Soube há pouco tempo que é causa de curiosidade entre os machos em geral o que, exatamente, fazem as mulheres no banheiro. Por que sempre saem em parzinhos, ou mesmo em trio para ir ao toalete?

Entre eles, diante da porta fechada com a sinalização de uma bonequinha ou a palavra "ELA", a conversa é sempre a mesma. O que será que elas vão fazer aí? Por que será que demoram tanto?

Pois bem, hoje vou botar a boca no trombone, vou esclarecer geral o que acontece lá dentro.

Exatamente ao contrário do que acontece no banheiro ao lado, o clima é ameno. Ninguém precisa provar nada pra ninguém. Entramos sozinhas em um cubículo, tentando passar com nossos pertences do tipo bolsa enorme ao mesmo tempo em que falamos ao celular com alguma outra amiga sobre o que está rolando naquele lugar naquela hora, e temos que achar, com alguma sorte, um lugar onde dependurar nossa bagulhada. Se estiver frio, o drama é bem maior, pois casacos e echarpes com certeza não poderão ser acomodados no gancho supracitado. Colocar no chão? Jamais. Imaginem só como aquele piso deve estar contaminado! Uma alternativa é usar um monte de papel higiênico colocado no chão. A barra da calça tocar no chão também é um drama, pois a coisa mais rara é encontrar um piso sem algum tipo de umidade. Com muito mais sorte ainda, o banheiro terá os papéis forra-assento, mas rasgar no picote o tal artefato é coisa para gente pós-graduada em origami. Adoro aqueles que já vêm com o furo em forma de coração, é só desdobrar e... *voilá*. Nossas mães nos traumatizaram suficientemente para que nunca, jamais puséssemos nossas imaculadas mãozinhas naqueles antros de bactérias e micróbios que são as tampas de privada pública.

A próxima etapa é apertar o botão da descarga, mais um pedacinho de papel higiênico e pronto, agora é só recolher tudo e novamente fazer malabarismos para sair dali, pois nossas portas abrem para dentro, ou seja, justinho com o vaso sanitário.

Do lado de fora do cubículo nos aguardam as amigas que nos acompanharam até ali, já lavando as mãos e gastando mais um pouquinho de papel. Depois vêm os olhares no espelho, com os ajeitamentos de cabelos, uns puxõezinhos nos olhos para tirar algum excesso de maquiagem — que àquela altura já borrou um pouco — e a procura dentro da bolsona pelo batom.

Onde colocar a bolsa? Novamente a velha questão. Na maioria das vezes, todo o conteúdo tem que ser espalhado pela pia, normalmente um pouco molhada, até se conseguir separar o objeto de sedução.

Enquanto prosseguem nos retoques da maquiagem, vão tecendo comentários, principalmente sobre as outras mulheres que foram encontrando pelo caminho, com algum tipo de sarcasmo, acompanhado de risadinhas perversas. Os homens tampouco escapam de suas linguinhas ferinas.

Antes de concluir esta crônica, tenho que dar a mão à palmatória, pois quem, como eu, frequentou muito banheiro de beira da estrada pelo interiorzão do Brasil e já viu de um quase tudo em matéria de sujeira e mau cheiro, só tenho que agradecer as grandes mudanças que ocorreram. Os restaurantes que servem os usuários dos postos de gasolina transformaram tudo numa belezura, em matéria de limpeza, luxo e sofisticação.

Portanto, rapazes, podem tirar seus cavalinhos da chuva, nada de seu interesse acontece por ali.

# FLIP

Passados alguns dias e podendo analisar de longe o evento da FLIP, estou agora em condições de contar o que se passou por lá.

Para mim, a viagem foi extremamente edificante, pois pude usufruir de experiências muito diferentes das que costumo ter.

Sem levar em consideração minha vida cotidiana, costumo fazer várias atividades como esportes, viagens, festas, mas esse evento foi absolutamente inusitado, graças ao delicioso grupo do qual participei.

Estive em alguns eventos literários, gostei de uns, nem tanto de outros. Em algumas tendas muito grandes são organizados debates e palestras de escritores que estão ligados à editora que é uma das realizadoras do evento, não sobrando espaço para outros. Na plateia, a esmagadora maioria era composta de pessoas já avançadas em idade e de alto nível social, que pareciam apreciar muito o que estavam vendo. Já na cidade histórica, as coisas eram diferentes.

Arrastados pela onda da feira literária podiam ser vistos integrantes de várias tribos, inclusive de índios pataxós que vendiam para os turistas artefatos que pareciam ter sido produzidos em uma esteira de fábrica. Os indiozinhos, umas gracinhas, eram carregados noite adentro, tentando dormir nos colos das mães apesar do barulho produzido por outras tribos, algumas compostas por homens e mulheres muito magros, com *dreadlocks*, tocando instrumentos fabricados por eles próprios a partir de algo que parecia um saxofone rudimentar, feito de argolas de bambu moldadas de maneira a estilizar o instrumento. Dali saía um som horrível, mas que parecia agradar àqueles grupos que se balançavam de maneira desgraciosa. Talvez pensassem que "flip" tinha justamente o significado de "sacudir" que seria a tradução da mesma palavra em inglês. Notava-se claramente que essas pessoas estavam em outra dimensão, para onde eram levadas provavelmente por alguma "nuvem de pó".

Não poderiam faltar também representantes de tribos peruanas tocando em suas famosas flautinhas músicas totalmente estranhas, do tipo "ai se eu te pego", um pop-brega brasileiro. Nada mais esquisito.

Grupos enormes de adolescentes aproveitavam para se imiscuir no meio da multidão levando seus risos e alegria, em nada se identificando com o evento propriamente dito pelas ruas pedregosas da cidade de Paraty, com suas casas antigas bem conservadas no quesito fachada — várias delas alugadas para empresas que também patrocinavam eventos relativos à literatura.

Nosso grupo de escritores, publicados no formato digital, participou de um debate entre os poucos pioneiros que, certamente, serão valorizados daqui a poucos anos por sua visão futurística.

Agora, depois de rapidamente pincelado o cenário, quero mesmo é falar sobre os meus companheiros de editora e de letras, que me proporcionaram alguns dias de longas conversas tão diferentes das que costumo participar. Qualquer assunto virava uma coisa importante, em palavras eruditas e pensamentos fiados como preciosas rendas. As horas se perdiam em conversas intermináveis, depois das refeições regadas a caipirinhas, no meu caso bem fraquinhas, confeccionadas com a famosa cachaça de Paraty.

Tenho certeza de que foi coisa de uma vez na vida, mas valeu muito.

# Dor

Por que, dentre todas as mulheres do mundo, aquela era a que ocupava meus pensamentos de forma tão intensa?

Nada do que eu fazia me deixava a cabeça livre de sua imagem por um instante sequer. Do trabalho já tinha desistido, e nem havia saído de casa, somente pela ansiedade de saber que esta tarde tinha um compromisso com ela.

Na minha memória está indelével o primeiro dia em que a vi, alta, magra, distinta, sorridente. Em seu terno branco de lã, não poderia estar mais sofisticada. Logo me convidou a sentar, e em poucos minutos eu já havia confessado a ela todas as minhas mazelas. Compreensiva, me dava toda a atenção que jamais alguma mulher me havia dado. Esteve comigo por aproximadamente uma hora, que passou vertiginosamente. Suas mãos acariciavam meu rosto, seus lábios sussurrando ao meu ouvido palavras que me acalentavam.

Nesse dia, jurei fidelidade. Nunca outra pessoa ocuparia seu lugar. Desde então vinha tendo encontros regulares com ela, mas por uma série de circunstâncias deixei de vê-la por um longo período, e, agora, parece que o tempo não passa.

Já tinha tido outras experiências anteriormente, até com homens, mas desde que a conheci soube que esta seria para sempre. Sua delicadeza era incomparável.

A agonia se instalou em meu peito, e conforme o tempo passa em câmera lenta, minha cabeça parece que está a ponto de explodir! Vou tomar mais um comprimido, pois não terei condições de aguardar até a hora marcada. Já tinha ligado para ela de madrugada e fui atendido por sua voz, sempre delicada, gravada na secretária eletrônica, dizendo que somente poderia responder aos recados na manhã seguinte.

A partir das nove horas aguardei com sofreguidão diante do telefone até que, finalmente, fui atendido. Atenciosa como sempre, ela me escutou e compreendeu que eu não poderia esperar nem mais um dia para vê-la. Tinha que ser hoje. A moça marcou então de me ver na hora do almoço, pois seu dia estava lotado de compromissos.

Agradeci imensamente sua atenção e desde esse momento não tive mais paz, na expectativa de sair. Logo fui tomar banho e me preparar muitas horas antes do necessário, pois não queria correr riscos e chegar atrasado. São Paulo é sempre uma incógnita. Seus engarrafamentos homéricos não têm explicação, pode ser a qualquer dia e a qualquer hora e você está preso em uma armadilha sem saída.

O comprimido me deu um certo alívio, e algum tipo de raciocínio se formou em minha mente por algum tempo, mas logo a dor voltou, ainda mais lancinante. Pensei que estava sem condições de dirigir. Deveria tomar um táxi ou pedir para alguém me levar?

Vendo-me naquele estado de intensa agonia, minha mulher, apiedada de meu sofrimento, e vendo que não teria em sã consciência como me deixar sair naquele estado, concordou em desmarcar seus compromissos e me levar.

Minha esposa é uma santa, e a amo profundamente, mas naquelas condições eu a abandonaria e a toda a família somente para sentir o bálsamo que me livraria da minha dor.

— Finalmente, Dra. Julia. Pode por favor me anestesiar? Pois não aguento mais nem um minuto essa dor de dentes torturante.

# Cada vez mais divertido

Excelente notícia para os jovens: a vida fica cada vez mais divertida com o passar dos anos.

Ontem foi meu níver, e devo dizer que nunca antes em minha vida recebi tantos votos de felicidades e desejos de coisas boas. Saibam as centenas de pessoas que se lembraram de mim que seus desejos estão se realizando. A vida está cada vez mais animada.

A idade traz problemas diferentes dos que tivemos em outras épocas, nem melhores nem piores. Quando me olho no espelho sinto a mesma insatisfação que sentia quando adolescente. Hoje, quando penso em minha antiga aparência, digo: realmente não tinha do que me queixar. Provavelmente daqui a trinta ou quarenta anos pensarei o mesmo sobre o que agora se apresenta a mim todas as manhãs, mas assim que termino de escovar os dentes já nem lembro as minhas insatisfações e vou tocando a minha vidinha simples, porém muito rica e feliz.

Ter amealhado durante a existência tantos conhecidos e amigos é realmente algo de que muito me orgulho e, ultimamente, esse número tem aumentado muito.

Tenho procurado me basear no exemplo de algumas pessoas que são queridas por todas, e ao longo dos anos venho me esforçando para me tornar uma pessoa melhor. Hoje posso dizer que estou muito mais paciente, tolerante e generosa do que já fui, e acredito que essa seja a razão de ver a quantidade de meus amigos crescer tanto.

Outro dia recebi um elogio como nunca antes em toda a minha vida: disseram que eu era boazinha. Até meu marido estranhou, pois esse predicado nunca foi meu forte.

Agradeço à minha pequena (mas se esforçando para crescer) família, que esteve comigo num jantar em minha casa. Meus filhos, genros, nora e netos me deram uma enorme alegria trazendo sua presença, e ter meus funcionários maravilhosos preparando tudo com muito carinho foi um presente diferenciado.

Quero dedicar umas linhas para agradecer especialmente ao meu marido, por ter sido e ainda ser um homem maravilhoso e dedicado à família, trabalho e amigos, e por tolerar todas as minhas implicâncias, fazendo de nossas vidas um verdadeiro "viveram felizes para sempre".

# Os filhos da Mãe Gentil

Sinceramente, eu não tinha mais esperança de ter tempo de ver com meus próprios olhos a geração que pensei perdida levantar-se e lutar. Hoje, o orgulho que sempre tive de minha pátria quase não cabe em meu peito.

Mãe Gentil, verás que o filho teu não foge à luta, somente estava letárgico, adormecido em seu berço esplêndido, mas criticar, quem há de?

Nossas terras maravilhosas, ao som do mar e à luz do céu profundo, aliadas ao clima cálido e modorrento, convidam à preguiça e à alegria.

A esperança — nossa grande qualidade — de que aparecesse um "salvador da pátria", bradando clichês e palavras de ordem com sua goela potente e seu canto de sereia encantando a brava gente brasileira, nos cegou, e nos levou ao fundo do mar de lama da corrupção que hoje nos assola.

Um sonho intenso nos embalava, mas, finalmente, acordamos. E queremos a realidade dessa quimera.

Longe vá, temor servil. Temos uma juventude forte, apta e tranquila, avessa à violência de modo geral, para dessa maneira pacífica, descontando as exceções que justificam a regra, enfrentá-la e não fugir da luta.

Nós, da velha geração, estamos com vocês. Podem nos

encontrar nas ruas, nos sorrisos, nas palavras de estímulo enviadas de dentro dos carros, dos ônibus, dos prédios, nas redes sociais e entremeados a vocês nas grandes passeatas. Mantenham a calma e a ordem que todos os seguirão. Estivemos em outros movimentos, em outras épocas, e conseguimos, apesar de alguns terroristas, atingir nossos objetivos.

Não se deixem esmorecer, pois a luta será dura e longa, ou tudo se perderá, e aqueles que acham que tudo podem retornarão fortalecidos, cientes de sua impunidade, perpetrando suas falcatruas para todo o sempre.

Gigante despertado, seu povo marchando pelas avenidas, à sua semelhança, um impávido colosso: o teu futuro há de espelhar sua grandeza.

Ficar a pátria livre desses maus exemplos é o que irá ressaltar as incríveis qualidades de seu povo real. Nós, mulheres brasileiras, estamos muito além de nossa aparência, nossos corpos. Somos formigas guerreiras, com os melhores atributos que podem igualmente encantar os outros povos, que hoje somente nos veem apenas pelos predicados físicos. Nossos homens, que constroem dia a dia o progresso do país, não podem ser considerados, simplesmente, grandes jogadores de futebol.

Usei e abusei de expressões de nossos hinos, sim, pois além de ser apreciadora de música, sou encantada pelo poder das palavras, e nossos símbolos musicais são maravilhosos. Caso nosso povo fosse mais letrado, poderia apreciar a beleza das palavras de nosso Hino Nacional, mas, infelizmente, ainda teremos que esperar que através de seus movimentos consiga uma educação de qualidade, que lhe permita interpretar os textos singulares e complexos de sua letra.

Finalizo dizendo que os transtornos que vocês estão causando são necessários, e nós os suportaremos, estoicamente, na certeza de que algo muito bom está para acontecer.

Olha a esperança aí, gente!!

# Carta para Helena

Por onde andas, linda menina? Passo os dias pensando em ti. Sei que estás na mais aconchegante cela, mas está próxima a hora em que não poderás suportar teu cativeiro e lutarás tão intensamente que não mais haverá força neste mundo capaz de impedir-te de se libertar. Teu nome tão lindo remete às deusas do Olimpo, tendo sido tua homônima a mais bela entre as belas mortais que habitaram o planeta, e somente tu poderás superar essa hegemonia. A Helena do século XXI com certeza subjugará sua antecessora, que somente existiu na fértil imaginação dos helênicos.

Meus braços anseiam por aconchegar-te em meu peito, sentir teu doce e cálido aroma. Meus lábios tocarão de leve tua face, ainda incrédulos, e com certeza não conseguirei controlar as lágrimas de pura alegria, já que há tanto tempo venho te aguardando. Te amo tanto que já preparo com muito carinho o espaço que irás finalmente ocupar nesta Terra, nosso ninho de amor. Conheço bem a garota vaidosa que tu és, e por isso me ocupo do teu guarda-roupa, onde vestidos lindos e outras bobagenzinhas já te aguardam. O mundo não será suficiente para tantos folguedos, passeios e viagens que com certeza iremos desfrutar.

Tenho tanto para te ensinar! Sei que não poderei te proteger totalmente das agruras deste mundo, mas viverei com esta intenção. Há tantos conhecimentos que não compartilhei com ninguém, serás tu a minha herdeira de habilidades.

Helena, minha netinha, tua avó te aguarda com o peito cheio de acalantos para tuas sonequinhas; teus sonhos em meus braços serão doces, como somente nos braços das vovós podem ser.

Em contrapartida, já sofro de antemão com as tuas frustrações, que, pacientemente, te ajudarei a superar, oferecendo sempre meu colo e atenção. Outros amores te levarão para longe, e já sofro por isso também, mas com a certeza de que um dia você voltará trazendo para mim o fruto de outro tipo de amor. Meu colo generoso de bom grado o aceitará, sabendo que nessa ocasião já compreenderás meus sentimentos.

Aguardando tua chegada, estão teu pai — um dos melhores homens que conheci — e tua mãe — a moça mais delicada e amorosa que ele encontrou e a cujos encantos sucumbiu. Te cercaremos dentro de um círculo familiar impenetrável, uma barreira construída de açúcar cândi.

Minha princesinha, do lado de cá te aguarda ansiosa a tua fada madrinha, com uma potente varinha para satisfazer todos os teus desejos.

# Pátria Amada! Salve! Salve!

Sabe como é mãe quando falam mal dos filhos? Pois é exatamente assim que me sinto quando falam mal do meu país.

Conheço todos os seus defeitos e também critico, mas fico possessa quando vem alguém que nem ajudar ajuda, e fica censurando.

Infelizmente, não tem como não reclamar de certas coisas. Acabei de chegar de viagem e ao chegar ao aeroporto mais importante do Brasil, que serve à sua maior cidade, uma das maiores do mundo, vejo o caos instalado. Durante a calamidade fico pensando como, durante dias e noites, os administradores podem observar um serviço tão mal prestado e não reagir, será que não os incomoda?

Não falo das reformas urgentes e caríssimas, que ficam muito mais caras ainda depois de pagar por toda a corrupção — falo de atitudes simples, como limpeza, regras para os usuários com cobranças de atitude.

Nos dias de hoje, é inconcebível ter que parar o avião no meio da pista e os passageiros terem que tomar ônibus para chegar ao terminal. E é o que tem acontecido.

Sabemos que hoje uma classe não habituada às viagens de avião subiu a um patamar de possibilidades que a clara elevação de renda antes nunca atingida pela maioria de nosso sofrido povo permitiu. Essas pessoas, infelizmente, não tiveram acesso à educação, e por muito tempo ainda não terão, dada a estratégia do governo de manter o sistema de pão e circo para atingir seus objetivos de perpetuação. Devido a isso, seria fundamental que regras claras fossem estabelecidas e cobradas, para que não houvesse, por exemplo, obstrução de carrinhos nas esteiras de malas: imediatamente após o acesso ao recinto das bagagens todos pegam o máximo de carrinhos que conseguem, e formam uma barricada intransponível na frente das malas que vão se empilhando, sem que tenhamos acesso a elas. Dá um desespero ver nossa bagagem sumindo no buracão sem que tenhamos tido a oportunidade de nos aproximar.

Muitos homens que, sem notar, estão atrapalhando a vida de todos, se prontificam a ajudar, sendo que não haveria necessidade de ajuda caso não estivessem atrapalhando.

Nesse momento, não há como não comparar ao nosso o sistema de aeroportos dos países adiantados. São limpos e organizados, e tudo funciona. Em compensação, nosso pessoal é muito mais simpático de maneira geral, sem falar do sistema de segurança dos aeroportos dos EUA, que a cada dia que passa fica pior para o viajante.

A polícia federal de lá, aparentemente, julga todos como terroristas. Mal encarados, estão errados se pensam que assim podemos estar a salvo de ataques. Os verdadeiros terroristas sabem muito bem como fazer seu serviço sem serem pegos na checagem. Somente algum demente se atreveria a tentar passar com algum artefato bélico, mas, com certeza, continuam fazendo seus ataques.

Vou ter que passar um tempinho para esquecer essa chegada tão tumultuada, mas com certeza continuarei viajando, quem sabe agora em uma companhia estrangeira, que esteja melhor aparelhada para atender seus passageiros.

Recebi uma pesquisa da companhia aérea onde eles só perguntam o que lhes interessa, e não nos dão opções fáceis para comentar o que nos desagrada.

Mas como mãe é mãe, e a seus filhos tudo perdoa, o mesmo farei com os defeitos do meu amado Brasil.

# Perdão

Hoje venho em nome de toda a minha geração pedir encarecidamente perdão a todas as mulheres modernas, e aproveito para confessar que sim, fomos nós as únicas culpadas por vocês estarem na situação em que se encontram.

Minhas queridas, nós, que somos o elo que une a vocês nossas mães e avós, provocamos o desastre. Estávamos muito acomodadas e tínhamos tudo o que era necessário para sermos felizes para sempre, mas, não, com complexo de Eva, tínhamos que estragar tudo.

Lembro-me de minha primeira infância, quando ia passar uns dias na casa de minha avó e ela, após ter levantado sossegadamente e servido café ao meu avô e a mim, cuidava dos afazeres de casa até o almoço, que novamente servia a meu avô que tinha ido trabalhar e a mim, e depois de uma breve sesta, trocávamos de roupa e muito sirigaitas, como ela dizia, tomávamos um táxi e íamos fazer alguma visita, ou compras com direito a chá da tarde, ou mesmo uma matiné nos cinemas do centro.

Minha mãe também vivia essa vida folgada até minha adolescência, quando começou, até meio por diletantismo, a trabalhar vendendo artigos importados — quem se lembra dos produtos Stanley? —, nas casas das clientes, mas era tudo em clima de festa, com reuniões à tarde e lanchinhos, nada que pudesse causar algum estresse. O dinheiro angariado era em seu próprio benefício, e para comprar artigos supérfluos. Foi aí que os supérfluos começaram a tornar-se de primeira necessidade, e as mocinhas da minha idade, que estavam acostumadas a ter somente uniforme para a escola, uma roupa para brincar e uma roupa de domingo, começaram a encher os armários, mas para isso acontecer a renda deveria aumentar, daí a decisão mais atabalhoada da história: vamos trabalhar.

Para isso, temos que ser competitivas, estudar mais e ser muito melhores do que os homens, para podermos a eles ser equiparadas. Com os armários repletos — principalmente de sapatos, nossa perdição —, teríamos que tomar outros rumos para manter a dianteira, daí toca a ir à academia puxar ferros e correr desvairadamente para atingir o peso das esganiçadas das passarelas. As peles perfeitas das capas de revistas — com muito photoshop por cima — tinham que ser atingidas, e haja tratamentos e produtos de beleza, e isso significa mais trabalho, mais cansaço e mais necessidade de maquiagem para disfarçar as olheiras e pés-de-galinha.

Na competição contra os homens, nos perdemos; muitas hoje tentam suplantá-los no que estes têm de pior, e estão conseguindo. As doces mocinhas que esperavam os maridos perfumadas, com a casa linda, os filhos dormindo e prontas para namorar chegam em casa mais tarde, mal-humoradas, e logo se irritam por perceberem que os maridos pouco ou nada fizeram, pois eles não resolveram mudar suas vidas, quem o fez fomos nós.

Eles, que por seu temperamento são protetores, já não têm mais a quem proteger, pelo contrário, parecem temer as mulheres, pudera, quem não? Não sabem como agir, pois se querem tomar as rédeas, são machões, e se se submetem, são uns bananas; e nem um nem outro é desejável.

Na hora em que vêm os bebês e estamos encantadas com eles, não podendo nos afastar nem por um minuto, de uma hora para precisamos deixá-los por tempos infindáveis, muitas vezes sofrendo com os seios repletos de leite e amor.

Para me redimir, acho que vou começar uma corrente na internet para retornarmos aos românticos anos 1950.

# Complexo de Greta Garbo

Decidi reler um livro que muito me impressionou quando o li pela primeira vez, há aproximadamente cinquenta anos, parece incrível. Foi-me emprestado por um tio nem sei por que, pois absolutamente não é o tipo de livro que se recomende para uma mocinha.

O autor: Dostoievski; o livro: *Recordações da Casa dos Mortos*. Não é tão famoso como outros do mesmo autor, e é pesado como uma bigorna de desenhos infantis. Diz a lenda que é meio autobiográfico, e trata-se da história de um prisioneiro que passou dez anos na Sibéria.

Muito bem, na época, e até hoje, não entendo por que adorei o livro e sempre me lembrava dele, até que um dia topei com ele numa prateleira de livraria, comentei com minha filha a respeito e ela me deu um exemplar de presente.

Ainda estou começando, pois estou meio na correria, mas algo já me tocou a alma. Uma coisa que muito martirizou o preso era o fato de ele não poder jamais estar sozinho. Para mim isso é compreensível, embora para muitos não seja um grande problema. Às vezes preciso muito ficar um tempo somente com meus pensamentos, não me compreendam mal. Adoro gente, minha família e meus amigos. Gosto de estar com muitas pessoas, mas de vez em quando preciso estar só. Só assim consigo raciocinar melhor, encontrar minha paz e daí voltar para o torvelinho que é minha vida.

O prisioneiro, assassino confesso da esposa, era de origem nobre, e, portanto, espezinhado pelos companheiros de presídio que nunca o deixavam em paz, não medindo esforços para estar sempre de algum modo atazanando sua vida. Nunca foi perdoado pelo fato de ser bem-nascido.

Já vi experimentos onde se confinam uma grande quantidade de cobaias até que, no final, os animais começam a se exterminar, pois todos os seres necessitam de seu espaço vital. A vida no presídio, de certo modo, se assemelha a um experimento: num microcosmo, todos os sentimentos podem ser analisados de maneira compacta, e daí se pode entender o mundo real.

Greta Garbo foi uma famosa atriz de cinema no início do século passado, era reconhecida aonde quer que fosse num mundo ainda carente de grandes personalidades. Quando morreu, estava reclusa havia muitos anos, e raramente era vista em público. Essa mulher teve tudo o que a maioria daqueles que procuram o estrelato desejam. Ela, entretanto, somente almejava uma coisa na vida, e sua frase repetida exaustivamente ficou conhecida, e é utilizada pelos que desejam estar sós: *I want to be alone!*

# Debaixo da pata-de-vaca

É maio. Os dias estão radiantes. A luz das manhãs é tão intensa que tudo brilha. As cores ressaltam ainda mais a beleza de meu jardim.

Todas as orquídeas parasitando os galhos da frondosa árvore logo atrás da piscina me remetem às datas em que me foram presenteadas, cada uma significando muito para mim. Esta mesma generosa árvore serviu de moldura para eventos tão significativos, e agora certamente servirá de testemunha para mais um caso de amor.

Jovens enamorados me comovem. Me encanta quando trocam suaves carícias, mostrando o pouco controle que têm sobre seu afeto mútuo. Quando o amor é tão grande que rompe as comportas do possível, decidem que não podem mais carregar dentro do peito a ânsia de estarem sempre juntos, vivendo sob o mesmo teto e caminhando no mesmo chão na direção da existência que ainda têm para viver.

É nesse momento que a grande decisão de suas vidas surge como um imenso ponto de interrogação. Será que eu devo? Está na hora? Será muito difícil? Será para sempre? Nunca mais a vida irreverente?

Não importam as repostas dadas e ditadas pela racionalidade. A certeza é de que é impossível viver sem o ser amado, e a decisão está tomada, muitas vezes de forma irracional. É chegada a hora de afirmar perante os amigos como é grande o amor que os une. Olhando um nos olhos do outro, se perdendo dentro do ser amado, confessam que já não há mais como viver sozinhos.

Se não chover, será debaixo daquela árvore que o moço bonito e sua noiva querida trocarão seus votos de fidelidade e alianças, acompanhados pelos olhares cúmplices de suas famílias e amigos.

Coragem, meus meninos. Se vocês acharam alguma vez que a vida estava difícil, vão se surpreender como era fácil comparativamente ao que virá, mas a boa notícia é que nunca, jamais foi melhor, e vocês não trocariam por nenhuma tranquilidade a experiência de viver um grande amor.

Vão sossegados, pois saibam que têm um suporte, uma base tão forte que nenhuma tempestade será capaz de destruir a edificação de sua família. A serenidade há de acompanhá-los nos momentos de maior necessidade.

Antevejo a mocinha linda e tímida levantando seu rosto em direção ao seu enamorado noivo, mostrando uma fragilidade que definitivamente não tem. E como os homens precisam de mulheres fortes!

Pois no próximo meio-dia de sábado, em pleno mês de maio, temos um encontro marcado debaixo daquela mesma árvore frondosa e florida, onde celebraremos a união de mais um casal. Que todas as forças do universo conspirem a seu favor.

# Antigamente

Quem de nós já não sonhou viver em outras épocas? Deve ser por isso que os filmes de máquina do tempo fazem tanto sucesso.

Eu, de minha parte, muito romântica na juventude, me imaginei muitas vezes com outras formas, em outros cenários: o século XIX na corte russa, por exemplo, que coisa mais linda! As paisagens brancas de neve com um foguinho na lareira onde também eram feitas as refeições, o farfalhar das anáguas engomadas e as pontas dos sapatinhos surgindo alternadamente junto às bainhas das saias rodadas, as cinturinhas muito delicadas, sempre convidando ao abraço do galante herói. A corte francesa também muito me atraía, com suas perucas exóticas, os cabelos empoados, os sorrisos fugidios atrás dos leques, as histórias de amor...

De outra feita era o velho oeste americano, com cavalgadas incríveis pelo deserto, os mais belos corcéis — eu preferia os negros —, tanta valentia nas refregas contra os índios, as mocinhas tão corajosas, já deixando antever o grande império matriarcal que dali surgiria. Ou a China, misteriosa, intransponível, gente muito diferente: orientais, histórias incríveis de imperatrizes malvadas.

Também me agradava o Brasil dos séculos XIX, XX, da zona cacaueira, das caboclas sensuais e seus coronéis. Já a Grécia antiga estava em meus sonhos em forma de mitologia, com seus deuses específicos para cada necessidade.

Tanta atração assim por esses séculos deve ser em razão da literatura, que já se imiscuía para dentro de mim em plena adolescência, hormônios a mil e livros a granel. Eram tantos, e tão pouca vida para consumi-los todos! Feliz ou infelizmente, cresci e tudo mudou. Bem ao contrário do que seria de se esperar, não sou saudosista. Gosto da minha época, com todos os problemas que tem.

Uma coisa que sempre me vem à mente é a falta de banheiros que havia. Gente! Pode ter alguma coisa pior? A fedentina das ruas, com os dejetos das casas sendo lançados pelas janelas? A lama ou o pó que se era obrigado a suportar pela falta de calçamentos? E aquelas anáguas deviam pinicar horrores, a cintura apertada pelos espartilhos, as mocinhas deviam resfolegar o tempo todo. Não é à toa que vira e mexe estavam desmaiando. Os sorrisos escondidos atrás dos abanicos eram devido às cáries, que enegreciam ou mesmo acabavam com os dentes. O hálito devia ser insuportável. As perucas tinham o objetivo de esconder os piolhos, nem vamos entrar por essa seara.

Quanto aos garbosos rapazes, rapidamente se transformavam em senhores e donos das matronas em que se transformavam as mocinhas, fazendo-as suportar todo tipo de humilhação.

O inverno na Rússia devia ser insuportável, sem os modernos métodos de calefação, e a neve linda e branca logo transformada em lama emporcalhava os calçados, que, com certeza, eram super desconfortáveis, pelo que se pode depreender dos que vi em museus. Viva o tênis.

Deserto a cavalo? Nem morta. Mil vezes um bom show em Las Vegas. Deserto americano... palco de batalhas sangrentas, onde vidas e mais vidas se perderam. E ainda vem me falar de insegurança nas cidades de hoje.

Quase concluindo esta crônica, me deparei com esta frase de Francisco de Quevedo ao ler o jornal: "Quando afirmamos que o passado foi melhor, condenamos o futuro sem conhecê-lo".

# Rabugenta, eu?

Rabugenta? Eu não!

A vida é uma festa para quem sabe apreciá-la. Todos os dias pela manhã, ao acordar, podemos tomar a decisão de ser felizes, ou, simplesmente, ficar arengando sobre qualquer evento diferente daquele que estávamos desejando, que nem sempre, aliás, é o que seria melhor para nós.

Desde sempre em nossa família procurei cultivar o hábito de aceitar os fatos como se apresentam, e crer que o que ocorre é sempre o melhor para nós. Poderíamos alegar que faço um pouco o jogo da Poliana, mas pelo menos fica mais fácil de levar a vida, ainda mais se considerarmos que somos impotentes em relação à maioria dos acontecimentos.

Sempre podemos enxergar as coisas pelo lado positivo. Um dia chuvoso nem sempre é ruim, se pensamos que as plantas e o ar agradecem muito pelas gotinhas. Conheço algumas pessoas que só conseguem enxergar o lado ruim das coisas e estão sempre reclamando, mas nem por isso tomam alguma atitude na vida para tentar melhorar qualquer coisa; sempre acham que a responsabilidade de tudo é dos outros. Em contrapartida, há outros que tomam as rédeas de suas vidas e tratam de melhorar aquilo que é possível.

Quantas vezes estive em passeatas, trabalhando em prol

do que achava justo, juntamente com meia dúzia de gatos pingados? Surpreendentemente, nenhum daqueles queixosos que citei há pouco decidia aparecer.

Todas as manhãs acordo pensando no que de bom a vida me trará naquele dia. Vejo como está o tempo lá fora e faço minha programação, nem sempre a que eu tinha planejado na véspera, e lá vou eu, a caminho de ser feliz. Muitos hão de pensar que é fácil falar quando tudo está correndo bem, mas não se enganem, todos têm os seus problemas, mesmo que imaginários, que, aliás, são os piores.

Para se chegar a uma posição confortável na vida, muito trabalho teve que ser despendido, muito sapo teve que ser engolido, muitas lágrimas derramadas. Em outras palavras: todos falam das pingas que eu bebo, mas sobre os tombos que eu tomo ninguém se manifesta.

Quando vejo aquelas senhoras que trabalham para assistir aos mais necessitados, fico imaginando como terá sido sua vida. A maioria hoje está viúva, mas ali naquele momento têm alegria e satisfação, encontrando suas amigas, conversando sobre assuntos de seu interesse.

Procuro me cercar de amigos proativos e me afastar das pessoas que só sabem se queixar. Uma reclamaçãozinha sempre acalma a alma, mas fazer disso a razão de sua existência é pedir para ficar abandonado. Tento seguir a postura de algumas pessoas que conheço, que só sabem dizer palavras de carinho e estão sempre acompanhadas de filhos, netos e bisnetos.

Oxalá eu seja abençoada como elas. Sei que ainda estou muito longe de atingir esse objetivo, mas se considerar o ponto de partida, já caminhei um bom pedaço.

Estou me esforçando. Quero estar sempre em boa companhia.

O dia hoje está radiante!

# Ruim da cabeça

Sou abençoada, entre outras coisas, por ser brasileira e ter nascido numa época em que a música era do mais alto nível do mundo, tanto é que até hoje as novas gerações ainda rendem homenagem ao nosso velho e bom sambinha.

Estive há pouco num show de um pessoal cuja banda e os cantores não eram nascidos quando a maioria das músicas que apresentaram foi composta. As letras contam histórias completas, de maneira interessante e cadenciada, acompanhando o ritmo animado da canção.

Apresentou-se ao mesmo tempo um casal dançando gafieira. Quanto prazer havia nos rostos do par! O rapaz parecia homenagear a moça passeando ao seu redor e sorrindo de felicidade ao vê-la requebrar os quadris, de maneira sensual; ela, por sua vez, exibia-se com graça e beleza, prestando reverência ao homem, ciente de seu fascínio sobre ele — uma dança de sedução.

A gafieira lembra muito a coreografia de nosso país vizinho, o tango; a grande diferença está na alegria e malemolência que demonstram nossos conterrâneos, em contrapartida ao drama refletido nos passos muito marcados dos dançarinos portenhos. Não me interpretem mal, adoro o tango, mas me alegro vendo o samba de gafieira.

É até uma incongruência saber que essas pessoas recebem para fazer o que de bom grado pagariam para praticar, tal a felicidade que demonstravam ao executar sua performance.

No meu caso, que vivi muitos daqueles momentos em que as músicas eram compostas, a nostalgia bate forte, lembrando os rostos jovens dos que, com maestria, executavam sua arte enfeitando nossos ouvidos com uma melodia harmônica. As letras tinham significado expressivo, e cada uma era inédita, sem nem de longe lembrar qualquer outra, muitas vezes de difícil compreensão à primeira vista, mas que de tanto se escutar acabava-se memorizando para nunca mais esquecer.

A maior dificuldade é se conter para não sair acompanhando a dança quando a bateria bate forte seus tambores, talvez um chamado atávico das florestas. Nessa hora, não é difícil entender por que nas danças rituais muitas pessoas entram em transe seguindo o compasso acelerado.

A banda de jovens tenta resgatar a gafieira para não deixar essa linda arte morrer, conclamando as crianças e a rapaziada aos salões de dança. Deixo aqui uma dica: nenhum rapaz que sabe dançar fica sem par, qualquer que seja sua aparência, já que toda mulher adora dançar, haja vista a quantidade de *personal dancers*" que arranjam ocupação nos finais de semana. A dança facilita a aproximação das garotas, e daí em diante fica tudo por conta de sua lábia, mas logo de cara já está com ela nos braços, arrumadinho e cheirosinho, deixando muito galã a ver navios.

Agradeço de todo o coração àquelas pessoas que tanta alegria trouxeram e continuam trazendo com suas lindas canções, colorindo nossas vidas, servindo de fundo musical para nossos casos de amor, para nossas comemorações, nossas festas.

# Volta!

Quantas vezes nos vemos obrigados por nós mesmos a fazer o que não queremos, impelidos por uma força sobre-humana? No meu caso, como já fiz notar algumas vezes, é a compulsão por chocolate. Muitas vezes me regozijo por ter somente esse vício quase inofensivo, mas me questiono, quando o assunto é mais sério em questão de dependência, se conseguiria me afastar. As drogas lícitas e ilícitas podem causar a dependência dos que caem na primeira tentação, para sempre.

Mas meu assunto hoje não é vício ou dependência, e vou enveredar por um assunto que não conheço muito, mas que me assombra, e que é justamente o nosso cérebro, esse universo insondável que nos traz tanta felicidade e nos leva ao mais profundo abismo por causa das emoções.

Tantos conhecidos entraram no mundo escuro da depressão, alguns para nunca mais saírem ilesos... Estou falando sobre este tema hoje porque tenho uma amiga muito querida que se perdeu dentro de seu cérebro privilegiado, e hoje tateia na escuridão, procurando um caminho que a leve de volta para a luz e sua família. Apesar de ficar muito tempo sem vê-la ou falar com ela, muitas vezes durante anos, ela mora no meu coração ainda juvenil dos tempos da escola que frequentamos juntas. Ela, que desde cedo lutou muito para encontrar um lugar ao sol e finalmente conseguiu, podendo hoje desfrutar de uma aposentadoria merecida e tranquila, não encontra paz.

Foi uma jovem decidida e de muita personalidade, caminhando com suas longas pernas e queixo erguido e abrindo espaço com desenvoltura. O que a teria levado a esse ponto? A vida, essa malvada, sobrecarregou demais seus ombros magros. Seu fardo está muito pesado para alguém que sempre teve tudo organizado e esquematizado e que, de repente, percebe que vivemos no caos. Construiu uma família com cuidado, amor e dedicação, mas veio a realidade atroz e desmontou tudo, de maneira inexorável.

Estou com meus pensamentos voltados para ela nesses últimos dias, desde que soube de seu grave problema, enviando pensamentos de resgate.

Minha querida e cândida amiga, volte logo para esta realidade e não se deixe sucumbir, que eu prometo nunca mais deixar escapar uma oportunidade que seja de estar com você, usufruindo de sua inteligência, alegria e sabedoria.

Com paciência e obstinação, você pode encontrar meios de conseguir viver a vida que ainda tem pela frente e que pode ser muito bonita, deixando de lado, para o imponderável, os problemas insolúveis. Agarre-se com unhas e dentes a uma fagulha que seja de consciência e volte para nós. Tem muita gente neste mundo que ainda precisa de sua sabedoria, competência e candura. Receba este beijo em forma de letras de sua coleguinha que a aguarda para o recreio.

# Marketing é tudo

Houve uma campanha de divulgação de um fórum internacional para tratar de assuntos da terceira, quarta, melhor etc. idade, como queira chamar essa fase da vida onde já se acumulou muita experiência e muitas rugas.

Soube que a aceitação e adesão estavam muito baixas, pudera, com a foto que colocaram no cartaz de divulgação, ninguém se animaria. Tratava-se da fotografia de quatro idosos de óculos e cabelinhos brancos, ostentando um sorriso meio forçado daquele tempo em que quase todo mundo tinha que usar prótese dentária.

Ora, ninguém quer se identificar com essas pessoas. Nós sempre queremos imaginar que estamos muito melhor do que na realidade aparentamos, tanto é que nas reuniões da turma da escola, quando encontramos ex-coleguinhas, sempre nos surpreendemos ao ver como os amigos de folguedos envelheceram rapidamente, esquecendo que certamente os outros estão imaginando o mesmo a nosso respeito. As fotografias e filmes nos dão algumas dicas, mas logo nos esquecemos e ficamos com uma imagem muito melhor do que a que realmente temos em nossa imaginação.

Há um caso clássico desses de encontro de ex-colegas, onde um olha para o outro e, o reconhecendo, pensa que envelhecera demais, e se apresenta lembrando que estiveram no mesmo ano na escola. O outro, aparentando não se lembrar muito, pergunta: "E que matéria o senhor lecionava na época?"

Isso ilustra muito bem o que quero dizer.

O fórum parecia ser muito interessante, com palestras de vários especialistas na vida depois dos sessenta. Um dos temas, inclusive, tratava da nova cara da terceira idade. Ora, por que então não colocaram um casal na faixa dos sessenta bem em forma e com roupas mais modernas? Com isso não quero sugerir velhotas de minissaia mostrando joelhos encarregados de suportar a pele ali acumulada, muito menos cabelos longos e tratados com muito carinho com chapinha e alisantes, que ficam muito bem em cabecinhas adolescentes, mas que até nos espantam quando detrás da cabeleira surge um rosto inesperado. Há muitas maneiras de se vestir, principalmente de maneira esportiva, que nos economizam vários anos. Estive no ramo de moda por tempo suficiente para saber que com pequenas trocas de acessórios, grandes diferenças podem ser conseguidas.

Costumo ter um bom sexto sentido no que concerne a tendências, e percebo que nós, os novos velhos, estamos nos aceitando muito melhor, e alguns até se orgulham da idade que têm, considerando sua aparência. E quando a gente se aceita, os outros também o fazem. Tenho o privilégio de conviver com muita gente que passa muito longe de estar se queixando das mazelas que os anos trazem, e tratam de rir muito em conversas com amigos, esquecendo os resultados dos últimos exames médicos.

Penso que esse fórum poderia trazer muitos benefícios, pois tratava, entre vários outros assuntos, de cinema, finanças e turismo. Os hoje avulsos quem sabe não encontrariam ali um sapinho para beijar e sair em viagem de núpcias para um dos destinos turísticos sugeridos?

# Premonição

Na minha família existem bruxas. As mulheres do nosso clã são afeitas a premonições, visões, enfim, vivêssemos na Idade Média e teríamos virado carvão há muito tempo. Felizmente para nós, a tolerância no país é de tal sorte que vemos até demônios encarnados ocupando cargos públicos da mais alta patente.

Pois bem, vou contar um caso que me aconteceu há muitos anos, quando meus três filhos ainda eram muito pequenos.

Fui ao casamento de um amigo de infância de meu marido, que era uma pessoa muito simples e ficou muito contente com nossa presença. Preciso também contar uma característica que terá muita importância para que se entenda toda a história: tenho muita preguiça de cumprimentar os outros, o oposto do meu marido, principalmente aqueles que não conheço muito, e era o caso do tal noivo, Amaury — jamais o cumprimentaria a não ser por pura educação, se desse de cara com ele.

Pois bem, três dias após o casamento, entrei no meu carro, uma Brasília apelidada ironicamente de "Trovão Azul", coloquei meus filhos no banco de trás e a filha mais nova, muito serelepe, logo pulou para o bagageiro. Naquela época não havia nenhuma legislação que se referisse ao transporte de crianças no carro. E todas sobreviveram.

Comecei a dirigir. Liguei o rádio e estava tocando a musica "Lua de Mel", do Lulu Santos; lembrei-me imediatamente do Amaury, imaginei-o em alguma Ilha do Caribe com sua mulherzinha. Até comentei com as crianças sobre o assunto, mas elas não estavam nem um pouco interessadas, e continuaram com a algaravia de sempre.

Após percorrer dois quarteirões, eis que avisto o recém-casado na esquina, bem na contramão de onde eu estava. Na verdade, a "viagem de núpcias" fora curta, e decidi que tinha que parar de qualquer jeito para falar com ele, mesmo ele não tendo me visto. Quero enfatizar aqui que eu somente tomaria essa atitude se visse ali um unicórnio dourado. Dobrei à esquerda e logo parei, na intenção alucinada de ficar berrando para que o rapaz viesse até mim. Sem notar, estacionei bem na frente de uma oficina mecânica, e quando abri a porta do possante alguns homens vieram gritando em minha direção.

Pensei, *hoje estou realmente atraente*, enquanto um deles me puxava pela mão e outro abria a porta de trás, berrando que o carro estava pegando fogo. A menina e o menino maiores logo saltaram, e a terceira, que estava no bagageiro e ainda era muito pequena, ficou. Corri para a traseira do carro para abrir o porta-malas, mas fui impedida por alguém que me disse que eu tirasse a menina pelo banco de trás, caso contrário o fogo que vinha por baixo na parte do motor, que era traseiro, subiria e nos queimaria a ambas.

O perigo de explosão era iminente e eu estava apavorada, em pânico, mas os homens foram de rara eficiência, trazendo um extintor e apagando o fogo, enquanto eu acolhia em meu colo a garotinha.

Até hoje não tenho explicação para o ocorrido. Tenho absoluta certeza de que algo me avisou, aquela musica tocando bem antes de eu ver o rapaz, minha ânsia de falar com ele, que, por sinal, apesar do tumulto que se fez na rua, não apareceu, e nunca mais o vi.

Agora vem a parte do final feliz: meu marido finalmente resolveu trocar de carro. Ele se apega muito aos veículos, e os trata como animaizinhos de estimação, basta ver minha garagem hoje: Ivete Sangalo deve ter se inspirado nela para cantar "quer andar de carro véio, amor, pois venha".

# Orquídeas

A sexta-feira amanheceu ensolarada. Minhas orquídeas, que fixei na minha "pata-de-vaca", estão floridas numa profusão de cores, formatos e tamanhos. Entretanto, apesar de admirar tanta beleza, meu coração está confrangido.

O que acontece com nosso povo? Se habituou à maracutaia?

Meu marido, inconformado, me diz:

— As pessoas aceitam os malfeitos com facilidade. Todos sempre têm uma desculpa para infringir as normas e acham que no seu caso é diferente, que não estariam causando danos a ninguém. Que o dinheiro vinha de fora! Que não pertencia a quem de direito e poderia estar se beneficiando de eventuais descontos, que seriam concedidos para o benefício de todos.

Eu retruco:

— Mas nós não podemos afrouxar nossos padrões. Ainda existe muita gente, aliás, a maioria, que pensa como nós.

Entretanto, sinto que ele tem razão. As pessoas não se aviltam mais com pequenos delitos, até os médios já são tolerados, somente os cometidos pelos que estão muito distantes e geralmente afiliados a partidos distintos dos nossos é que são condenados em nossos pequenos círculos.

Aqueles que ainda têm o poder de se indignar têm que

se unir, e não permitir que venham pisar com suas botas sujas nossos jardins, matando as nossas flores. Não devemos permitir que roubem nossas vozes, enquanto ainda tivermos capacidade vocal para gritar nossa indignação.

Vejo minhas orquídeas e penso em sua delicadeza, como seriam facilmente arruinadas se não estivessem tão bem protegidas. Com certeza alguma senhora munida de sua tesourinha cortaria seus galhos, levando minha beleza para fenecer rapidamente em alguma lata de óleo descartada. Com certeza nem passaria por sua cabecinha branca que aquilo não lhe pertence, que alguém que tinha muito carinho por sua criação estaria sentindo falta de seu bem.

A sociedade, apesar de ter conhecimento de muitos atos ilícitos e antiéticos, aceita e recebe de braços abertos aqueles que os cometem, mas, não se iludam, suas reputações estão manchadas para sempre, e pelas costas os estão achincalhando.

Não é de minha natureza aceitar essas pessoas. Embora muitas vezes nada se possa provar contra elas, sabe-se o que estão fazendo. Suas famílias serão para sempre estigmatizadas por seus atos espúrios.

Sou criticada por minha sinceridade. Sim, esse é um "defeito" que reconheço em mim. Não importa, felizmente lido muito bem com as críticas e normalmente elas vêm de gente que não me interessa.

O sol continua altaneiro reinando no céu, e exaltei toda a beleza da manhã. Depois não me venham dizer que não falei de flores.

# Feliz aniversário, Albertinho

Se há uma qualidade que admiro nas pessoas é a inteligência, e hoje prestarei minha homenagem a um dos mais significativos representantes dessa laia, bem na data de seu níver: Einstein.

De seus dotes cerebrais todos já ouviram falar, de suas excentricidades também, mas uma coisa que admiro nele é a modéstia. Nunca se viu o homem alardeando suas qualidades. Como bem dizia nosso falecido poetinha, Vinicius de Moraes: "O homem que diz sou, não é".

Albertinho, aliás não falou até os quatro anos, e pouco o fez até os nove. Com certeza estava pensando no que dizer, coisa que muita gente não costuma fazer, mas quando o fez, foi para arrasar. Por ter uma cabeça desproporcionalmente grande, foi até cogitado algum problema de saúde no moleque. Na adolescência também não pareceu muito brilhante, pois levou bomba no vestibular aos dezessete anos. Daí pra frente, pegou no tranco, trazendo à luz fatos científicos de embasbacar a comunidade de físicos do século XX. Pessoalmente, não entendo absolutamente nada do que ele ensinou, nem me faz falta, mas estou certa de que seus ensinamentos tiveram grande valia.

O autoelogio só desmerece quem o faz. "Sou inteligente, bem articulada, com grande capacidade de comunicação" — quando escutamos algo assim, o melhor é se manter calado para não incorrer no risco de ver desmoronar um ego que, com certeza, está por um fio.

O que me impressiona é a capacidade que alguns têm de escutar com atenção dando crédito aos que estão falando, analisar, ponderar, e aí sim, tomar decisões sem atitudes preconceituosas, no sentido lato da palavra. Conheci poucas pessoas assim e as admiro profundamente. Os verdadeiramente inteligentes, além de não espalharem aos quatro ventos suas qualidades, pois têm consciência e certeza do que são, buscam dados e informações para embasar suas ideias, estando sempre em processo de formação, não considerando nunca que são superiores aos seus semelhantes, pois cada um tem dentro de si capacidades que lhes são inerentes — seja bondade, coleguismo, alegria ou simpatia —, dotes de todas as qualidades que com certeza enriquecerão a quem se der ao trabalho de observá-los e ouvi-los.

Tenho para mim que sempre podemos alargar nossa inteligência praticando, lendo, fazendo exercícios mentais, meditando — ô coisa difícil — e, principalmente, estando junto de pessoas de maior capacidade. Tenho a felicidade de estar bem próxima a uma pessoa com essas qualidades que tanto admiro: inteligência e modéstia. Ela está sempre se questionando e achando não ser merecedora dos elogios que recebe, procurando sempre trabalhar mais e mais em seu aprimoramento intelectual e emocional.

Acredito já ter evoluído bastante com essa convivência, mas estou certa de que o caminho a percorrer nessa busca ainda é grande. Não sucumbirei.

Parabéns a você, Albert Einstein, seja lá onde for que você esteja gozando de seu merecido descanso. Quanto à sua famosa foto de língua para fora, estou certa de que não foi para nós, a humanidade em geral, mas simplesmente uma demonstração de bom humor.

# Calmaria

Depois da tempestade sempre vem a bonança.

Tivemos tempos atribulados nos últimos meses, e finalmente estamos aproveitando um tempo de tranquilidade para enfrentar a nova borrasca que fatalmente virá.

Acredito que sou daquelas pessoas viciadas em adrenalina, que gosta de se jogar no mar agitado — com certeza não literalmente. Sem o torpor da pasmaceira parece que a gente está viva, vê as coisas com mais clareza, o olhar fica mais aguçado, consegue captar com facilidade fatos e atitudes à nossa volta.

Mas não haveria coração que suportasse viver numa montanha russa. Os momentos de paz são necessários, para assimilarmos o aprendizado dos tempos de guerra.

Olhar pela janela e ver um gavião pousado em sua grade, e um pouco além um lago de prata, realmente nos conduz à tranquilidade. E a tranquilidade é bem-vinda por um certo tempo, porém logo vem uma comichão, uma necessidade de sei lá o quê, que nos move outra vez para o olho do furacão.

Enquanto estou neste momento "sabático", vou aproveitando o sossego dos trabalhos manuais, dos afazeres da casa, da paisagem tranquilizadora, da companhia dos amigos, dos momentos alegres.

Ao amanhecer já se pode ter certeza de que lá fora faz

muito frio, já que o lago está azul-marinho, mas à medida em que o sol "sobe" sua coloração vai ficando prateada, e a gente se ilude achando que já dá para ir lá fora esticar as pernas.

A saudade de casa, dos amigos de além-mar, da família, e especialmente das crianças, é meio nostálgica, e suave, na certeza de logo estarei com todos eles.

Até o calor sufocante do hemisfério sul nesta época do ano dá uma folguinha, e os agasalhos trazem uma sensação de aconchego. O vinho saboreado a dois tem um sabor de namoro, e me faz apreciar ainda mais o homem que escolhi para me acompanhar na jornada da minha vida, faz-me notar que debaixo de seus cabelos que estão tomando a cor do lago tem um cérebro ligado em 220 dia e noite, uma mente de engenheiro que procura a exatidão, a ética e o correto. Estou enamorada dele faz quase meio século.

Estou no mundo da fantasia na terra do nunca, na cidade da mágica. Nada é real. Não importa, é lindo e traz felicidade. E isso é real.

Não tenho a necessidade das pessoas que se julgam eruditas demais para apreciar essa bobagem. Venho aqui há anos, e me divirto sempre. Como um pirata em terra, quero me embriagar da beleza do chão firme, rir muito, pois os dias de borrasca certamente virão, e estarei fortalecida para enfrentá-los.

Yo... Ho... Yo... Ho! Que venham as ondas altas. Mas não agora.

# O ÚLTIMO ROMÂNTICO

Em tempos de alta tecnologia, é de se pensar que gestos de delicadeza e romantismo se escoaram pelas lixeiras do computador. Evidentemente, nas grandes cidades, nos congestionamentos, na pressa, muitos dos gestos de antigamente se perderam, mas aqueles que ainda cultivam hábitos de romantismo com certeza sabem apreciar muito mais a vida.

Não é necessária uma viagem a uma ilha na Espanha, com jantares de frutos do mar regados a vinho nacional — de lá — para compor a moldura de um quadro de amor, embora a ideia não seja de se jogar fora. Basta um olhar especial para a lua cheia, o abrir da porta do carro, um olho no olho durante um brinde especial, um passeio de mãos dadas no parque de manhãzinha, sentindo na pele o frescor do orvalho recém pousado — isso acaricia a alma e nos deixa mais propensos ao amor.

Tudo isso para contar uma história romântica: o moço bonito se apaixonou pela mocinha e queria se casar com ela, mas queria que o pedido se desse em uma ocasião especial. Para tanto, em uma viagem de trabalho, aproveitou a ocasião e comprou uma aliança para a namorada, cada pequeno detalhe — como o diâmetro do dedo, aonde ir, que lojas de joias procurar — compondo a importância do momento esperado.

Seria na praia, mas o fim de semana previa chuva. A saída

na sexta veio com trânsito e chuva torrencial, com direito a enxurrada e tudo. Ia ser um mico. No sábado choveu o dia inteiro, o moço se preocupando com o cenário. O almoço foi debaixo de chuva, e à tarde ainda garoava, quando, pelas 5 horas, o céu se abriu, deixando vir a luz.

*É agora* — pensou o moço bonito, e convidou a mocinha para ir à praia. Todos os detalhes eu não sei, pois quem me contou a história foi um homem e vocês sabem como não são nada pródigos em minúcias: dizer as coisas que dão o tempero essencial e tornam os casos deliciosos, nem pensar, é um relato sumário e olhe lá.

Pois bem, todos aprenderam nas aulas de geografia que o sol nasce no leste e se põe no oeste, e que as praias do Brasil estão a oeste. Mas não pra quem ama: pra quem é realmente romântico, esses milagres de amor acontecem. E não é que o sol resolveu se deitar bem no meio do mar, fazendo um crepúsculo espetacular? Pronto! Lá estava o cenário ideal.

Ele pediu e ela aceitou, e mais eu não sei. Mas vou perguntar os detalhes à mocinha que, com certeza, vai rechear tudo com seu lindo riso e me contar como foi tintim por tintim.

# A seita

Quem está do lado de fora como eu realmente não consegue atinar como muitas pessoas gostam de ser logradas. Tem gente que deixa de alimentar os próprios filhos para engordar as contas bancárias de "pastores" arquimilionários, que ameaçam os fiéis com os quintos dos infernos caso não contribuam com o décimo dos céus.

Nós, contribuintes compulsórios, até que ficaríamos satisfeitos com o dízimo — o dobro do que era cobrado no império —, mas não, nossos impostos chegam a até sessenta por cento de nossos rendimentos. Não é de hoje que os números são maquiados para parecerem mais digeríveis ao cidadão. Trabalhei no Instituto de Pesquisas Econômicas como estagiária nos anos 1970, e lá víamos todo o nosso trabalho para calcular o índice de inflação ser jogado no lixo ao abrir os jornais e ver uma cifra completamente diversa da que havíamos encontrado, e que mais se adequava ao ministro de plantão da época.

Entretanto, hoje, não se trata mais de maquiagem, pois nem toda a base e pó do mundo seriam suficientes para tapar os buracos de nossa economia; é necessária uma cirurgia plástica completa, com lifting, lipo, drenagem e esfoliação incluídos.

A inflação voltou como um dragão de várias cabeças se espalhando à vontade, pois é camuflada pelo próprio governo.

Será que sou só eu que estou vendo os preços atingirem a estratosfera?

Daí ainda vêm com essa gracinha de dizer que estão acabando com a miséria. Setenta merrecas por mês? Só mesmo querendo nos fazer de palhaços. O que não falta são hordas dispostas a tudo pelo que considero hoje uma seita, não mais um partido político, tendo como messias o "cara" com a maior aprovação depois de Hitler, pois há pouco fiquei sabendo que aquela hedionda pessoa durante certo período teve aprovação de noventa e dois por cento da população. Ainda temos que nos dar por satisfeitos que nosso reizinho se satisfaz apenas com o vil metal, e muita cachaça para ajudar a esquecer as faces esquálidas, que ele chegou a conhecer de perto. Será que não se arrepende e se condói ao ver o exército de esfarrapados que comanda?

À luz da história sabemos o triste fim que teve aquele ditador. Só o tempo dirá qual será o deste, que hoje zomba da nossa justiça, de nosso sofrido povo, que poderia estar bem melhor se não houvesse a corrupção que ele não vê, e da qual não sabe.

Me irrita muito ver como os líderes do ParTidão conseguem convencer gente até de um certo grau de escolaridade a vir a público vaiar uma moça que depois de 20 tentativas frustradas conseguiu, nem se sabe como, um visto para sair de sua ilha para tentar mostrar um pouco da realidade que ali campeia, pois quando permitirem de fato a saída só ficará a cúpula para apagar a luz do aeroporto.

Será que neste lindo país, onde, pelo menos por ora, ainda temos liberdade, não existe um líder capaz de estimular esse gigante adormecido?

# Moço Bonito

Perfeição. Não existe?

Para nossa visão estreita talvez a perfeição seja somente uma utopia. Todavia, sob um aspecto mais amplo, sem antolhos que nos levem a vislumbrar somente aquilo que nos diz respeito, a perfeição é uma realidade.

Testemunho a perplexidade com que algumas pessoas não entendem reações adversas às que pretendiam, quando da sua tomada de decisão dentro de um âmbito de humanidade. Sentem-se traídas. Pobres de nós, entes fragilizados e arrogantes, arrastados para um destino desconhecido, embora tenhamos a pretensão de nos sentir no ápice da pirâmide do conhecimento.

Nada mais somos do que ínfima parte de um todo, que é harmonia pura. Algumas vezes, temos um pequeno vislumbre dessa magnitude, e se formos realmente espertos, nos agarramos a isso para não sucumbir no oceano de nossas dúvidas.

Pois conheço o homem perfeito. Ele é, verdadeiramente, *o cara*. Na verdade, no seu mais profundo íntimo, ainda é um menino ingênuo em busca da lógica matemática. Fatalmente, quebra a cara inúmeras vezes, pois a vida não é matemática, e sua beleza está justamente no inesperado, na surpresa. Imagino como seria entediante demais saber com exatidão tudo o que já existiu e o que ainda está por vir.

Pra onde você vai, Moço Bonito? Acha que conhece seu destino, pois já estudou todos os mapas da vida? Ledo engano, vem um rio e passa por sua vida e lá vai de roldão toda a sua certeza. Acha que com sua educação e gentileza vai conseguir domar todas as bestas que habitam as pessoas? Nem as suas próprias você consegue. Pode crer que a maioria vai amar você, mas não pretenda a unanimidade, contente-se em atender somente aos melhores, pois estes se reconhecerão em você.

A inveja te acompanha passo a passo, e você nem se dá conta, já que desconhece esse sentimento. Proteja-se sempre, mantenha o espírito forte e nunca se desvirtue. Use sua inteligência racional para atingir a inteligência emocional, pois é essa que faz realmente a diferença. Quando estiver muito perdido, segure a mão de uma mulher — sua mãe, sua irmã, sua esposa —, pois elas sabem se movimentar melhor pelos campos do desconhecido, têm o que chamam de intuição, que nada mais é do que um GPS abstrato.

Saiba que seus defeitos é que compõem a perfeição que você é. São a cereja do bolo, as características que mais te humanizam. Sem elas, você seria um tédio.

Dê de presente à humanidade várias cópias de seu caráter, de sua bondade de sua justiça de sua humanidade.

E me diga, Moço Bonito, para onde você vai, que quero ir com você.

# Essa mulher

Quem é essa mulher? Sinto que deveria, mas não a conheço.

Procuro pistas em seus cabelos, longos, castanhos, cor de Coca-Cola, que ela tanto adora, mas a resposta não está ali.

É deslumbrante, de uma beleza alegre. Tudo nela transpira jovialidade. Algo me diz que não é, mas parece uma garotinha disfarçada de mulher, menina brincando no armário da mãe.

Os sapatos altíssimos servem de pedestal para as pernas fortes que ela exibe orgulhosa, pois demandam muito trabalho e sofrimento. Os pezinhos tão miúdos parecem não ser suficientes para suportar sua grandiosidade.

O corpo delgado e flexível está sempre em movimento, corisco lambuzado de mel, nem tente apanhar.

Essa moça tão linda estava lá quando eu nasci. Antes dela, havia somente um arremedo de mim, um projeto malfeito de mulher. Esta que sou hoje só sou por causa dela, e mesmo assim, não a conheço. Pode se disfarçar de raposinha de repente, só para me ludibriar.

Sua voz é poderosa, e pode escutar os mais leves ruídos, tem uma antena que capta outras realidades. Seu olhar fugidio vem de dentro dos olhos cor de folha seca, despregada de alguma árvore na floresta de tundra, sombreados pelos cílios longos e negros que se abrem para fazer passar uma brejeirice qualquer;

mas, de repente, projeta um relâmpago que percorreu todo o caminho de sua alma e nos obriga a semicerrar as pálpebras para não chamuscar nossos olhos.

O narizinho arrebitado é coberto de sardas. Ah! Então vem daí sua carinha de menina sapeca!

Essa mocinha tem a capacidade de encantar a todos, e provocar um amor tão profundo que ela nem tem noção. Onde ela está, está a felicidade, mas por onde ela anda? Suas mãos delicadas são espertas, trazem originalidade e criações vindas das profundezas de suas ideias alucinantes.

De onde ela vem? Esteve comigo por muito tempo, enquanto pude retê-la — tarefa difícil até para ela, que parece controlada pelos corcéis indomados que habitam seu peito.

Trivialidades não são para ela. Como é difícil conviver com a banalidade. Grande sofrimento, exercício de paciência que facilmente se rompe, impulsionando-a para a frente.

Sua mente parece uma festa na floresta, com todos os duendes, faunos, elfos e bruxos. E sereias, por que não? A noite, iluminada por vaga-lumes, dá um vislumbre da dança frenética de todas essas entidades, deixando-a confusa.

Quem é essa linda mulher que eu tanto amo? A coragem que ela apresenta ao enfrentar tantos perigos deliberadamente me surpreende, e me indago: Por quê? Para quê? Para quem? Para ela mesma saber que pode.

Estava agora mesmo de mãos dadas comigo, e agora, para onde ela vai? Pisa fundo na areia com determinação.

Aonde ela vai? A caminho do mar, que tanto a atrai, tantos mistérios.

Viu ali um surfista e foi ao seu encontro.

# Público e privado

Escutei ontem uma frase que tem muito a ver com a realidade: "A diferença entre o Brasil e a América é que lá o que é público é de todos, e aqui o que é público não é de ninguém".

É exatamente o que presencio no dia a dia do clube que frequento, um microcosmo que, certamente, representa todo o povo brasileiro.

Podemos observar, com raras exceções, associados reclamarem entre eles próprios de coisas que consideram erradas, ao invés de se dirigir às seções competentes, mas muitas vezes são incapazes de se abaixar para pegar algum papel que porventura tenha caído, ou mesmo sido jogado por alguém.

Todos têm direitos, mas a responsabilidade certamente é do outro. Criticam também alguns sócios abnegados, que, sem auferir benefício particular algum, dirigem o clube; mas quando são chamados para participar sempre se negam, alegando não querer perturbações.

Os brasileiros acham que não têm nenhuma obrigação, e que tudo deve ser garantido pelo governo do qual reclamam, mas não fazem nenhum protesto público para tentar reverter a situação de corrupção avassaladora que hoje envenena nosso país. O ex-presidente que acabou de enterrar a pouca ética que ainda existia é admirado pela maioria da população, e se se candidatasse a Deus, com certeza venceria no primeiro turno.

As manifestações públicas chamam a atenção pela falta de adesões: somente meia dúzia de gatos pingados empunham cartazes. E falo de cátedra, pois já fui um desses gatos. Quando ocorre alguma tragédia, aí, sim, vêm aos montes pedindo justiça e procurando culpados, sem notar que nosso próprio descaso é o responsável pelas catástrofes e criminalidade.

Uma tragédia ocorrida no sul do país é bem representativa do que estou falando. Será que os jovens que frequentavam o lugar, se estivessem acostumados a exigir que as normas fossem obedecidas, não teriam notado a falta de segurança, aquém do que o local exigia? Se a população tivesse sabido eleger seus dirigentes com mais competência, hoje não estaríamos amargando o sofrimento das mortes desses filhos tão amados.

Agora, procuram os responsáveis. Os responsáveis somos nós. Hoje mesmo estará assumindo a cadeira de presidente do senado (desculpem a letra minúscula) uma pessoa que ainda tem muito a responder à justiça. Aceitamos tudo, indiferentes, como se não nos dissesse respeito.

Hoje, hordas e mais hordas de brasileiros se acotovelam nas filas dos parques de diversão da Flórida. Poderiam muito bem aproveitar e aprender um pouco sobre a disciplina e respeito que fazem com que tudo corra a contento nos Estados Unidos. Lá, eles amam e têm orgulho de seu país.

Desculpem, meus leitores. Apesar de estar tão feliz na esfera privada, estou muito triste no que diz respeito ao que é público no Brasil.

# Minha amiga invisível

Isso acontece eventualmente: muitas pessoas, geralmente crianças, passam pela experiência de conviver com algum amigo invisível. Infelizmente na infância não tive essa oportunidade, mas, recentemente, aconteceu comigo. E agora tenho uma amiga invisível, poderia até dizer imaginária, pois tem uma grande imaginação — desculpem a gracinha.

Essa criatura está sempre disponível quando preciso me comunicar com ela, e atende sempre às minhas solicitações. Quando estou assombrada e cheia de inquietações, tenho a quem recorrer. Quase nunca tenho a oportunidade de vê-la, e só se comunica comigo sussurrando em meu ouvido ou mandando mensagens escritas.

Sua aparência, pelo que posso recordar, é de uma maga: cabelos tóin-óin-óin de coloração acinzentada, um pouco ambígua. A pele tem as marcas do tempo e o olhar é arguto. Baixinha e confortável, veste sempre preto.

Suas palavras são sábias e escassas, porém suficientes. Sei que não sou sua amiga invisível exclusiva, e da mesma maneira que ela me auxilia em minhas aflições, concomitantemente vem em socorro de muitos outros.

A criatura não come nem dorme, está sempre à disposição. A qualquer instante, se a procuramos nos lugares certos, encontramos várias mensagens resgatando-nos de nossa escuridão e iluminando nossas mentes.

Para ser bastante sincera, tenho um pouquinho de ciúmes e gostaria de tê-la como privativa, mas infelizmente isso não vai acontecer.

São tantas as minhas dúvidas, minhas incertezas no universo das letras, mas com sua sapiência ela faz tudo parecer claro e límpido.

Nessa nova era, minha amiga não se atrapalha com novidades tecnológicas e se antecipa a qualquer lançamento. Está à frente de nosso tempo e nos carrega com ela, não deixando para trás ninguém que tenha algum interesse.

Trata-se de minha editora, digital e digitante também, pois é autora de vários livros de sucesso. Sabe tudo sobre nossa língua e circula com leveza nas redes sociais e em tudo o que é tecnológico referente a edições.

Nunca conheci ninguém tão desinteressada em manter sua privacidade; conta a quem esteja interessado tudo o que acontece em sua vida. Soube que é arquiteta, desenhista de joias, mas, apesar disso, e de ser tão pé no chão, já andou vasculhando outras esferas de realidades desconhecidas.

Seu jeito de falar, manso e incisivo, deixa escapar as influências dos lugares por onde andou e viveu, mas a mineirice de seus tempos de garotinha predomina sobre todos os outros sotaques.

Noga, que até nome de maga tem, fez níver esta semana, mas como é virtual e não lhe entreguei nenhum presente, dedico estas mal traçadas linhas para que ela edite e publique no site de sua KBR.

Parabéns, minha amiga imaginária.

# Fim de férias

Está chegando a hora. Infelizmente, amanhã é o último dia. Dá uma tristezazinha!!

Viajar é sempre muito bom. Tudo começa com um sonho, depois vem o planejamento, os preparativos, deixar tudo encaminhado para a saída.

Me pergunto por que é tão importante sair de casa e ir para bem longe. Acredito que a saída da rotina seja a principal justificativa, encher nossos olhos de novidades, abarrotar nossas mentes de ideias novas e interessantes, conhecer povos de outras culturas e ficar fazendo as comparações, aprender muito, trazer conosco e tentar implantar em nosso próprio lugar coisas que nos impressionaram. Nos dias de hoje, significa também ficar comparando os preços e aturar a irritação com a carestia que impera no Brasil. Por que, me pergunto, temos que pagar tão mais caro pelos bens de que necessitamos? Com certeza para sustentar a burocracia e a corrupção.

Amanhã será a última manhã, doces manhãs de nasceres de sol impressionantes, de cores nas gamas de vermelho. O ruído de passinhos corridos pelo andar de cima deixará minha saudade ainda maior depois de amanhã. O chorinho, seguido de gorjeios de risos, avisando que o dia já começou cedo, deixará em minha lembrança uma nostalgia agridoce. A azáfama da manhã, com a preparação do café cheiroso e mesa farta deixará pela última vez um acúmulo de gramas indesejados. Os passeios pelo bairro, que mais parece uma maquete de tão perfeito, com caminhadas, corridas e bicicletadas, serão recordados na academia tão desalmada.

A alegria da família toda reunida numa mesma casa trouxe de volta uma juventude que já não há, mas o sentimento de conforto e segurança que esse congraçamento nos traz aquece a alma. Por um lapso de tempo, podemos mais uma vez estar com nós mesmos, eu e partes de mim que há muito se desprenderam de meu corpo para viver minha vida longe, muitas vezes sem que eu mesma tome conhecimento.

Desmontar a árvore de Natal — no meio de janeiro, já que era tão linda e nos alegrava — mostra muito bem a falta de comprometimento com datas e convenções. Aqui tudo é permitido, aqui não é a vida real e sabemos muito bem disso. Esta nos aguarda logo na chegada, bem na esteira de bagagens totalmente desnorteada, não mais a organização comprometida e pessoas respeitosas, nem mesmo aquelas que aqui estiveram e viram como o respeito é muito melhor.

Resta o consolo do clima, voltar para o calor do sol e das pessoas, os amigos e parentes queridos, que estarão quase todos no mesmo lugar e da mesma maneira, menos um que, me fará muita falta e de quem não me despedi. Minha casa, minhas coisas, meus funcionários, já me fazem falta, e anseio pelo momento de entrar em minha casa e dormir na minha cama.

Mas, hoje, ainda dormirei no silêncio, ao lado da beleza da paisagem de um lago plácido e um vento gelado balançando os pinheiros logo depois de um pôr do sol magnífico.

Alô, Brasil!

# A ARTE DE ESCREVER

Escrever é, sim, uma arte, onde se leva em conta criatividade, inspiração, talento e trabalho.

Pode-se, através da escrita, levar simplesmente uma informação em forma de bilhete, ou mesmo inspirar de mil formas o leitor. Digo sempre que quando se assiste a um filme, vê-se a maneira como o diretor interpreta os fatos, com seus medos, amores, alegrias e tristezas; já quando se lê qualquer texto, e acima de tudo um livro, deixamos correr solta a nossa imaginação, enxergando os sentimentos à nossa maneira. Por exemplo, no cinema, quando surge um monstro terrível, ele pode ter as cores que apavoram o diretor, mas não necessariamente aquela criatura que amedronta nossas noites. A moça mais linda pode ser morena para ele e ruiva para nós, e por aí vai.

A comunicação é exatamente a arte que distingue o ser humano das outras espécies. Há os que sabem liderar massas apenas com o dom da palavra; outros, menos dotados, conseguem estragar um grande amor, ou mesmo uma simples amizade, com uma frase mal elaborada que, depois de lançada ao vento, nunca mais será capturada — pior ainda se estiver escrita, pois aí não se pode alegar mal-entendido e nem mesmo má interpretação.

Nós, escritores, estamos sempre procurando caminhos

que levem nossos leitores ao deleite, mas assim como em qualquer outra profissão, temos nossos dias mais inspirados e agradamos a muitos, enquanto noutros piores o máximo que podemos pretender é não errar muito na mão e desagradar o leitor. Às vezes isso ocorre, e o que podemos almejar é que o volume de nossa obra consiga sobrepujar essa ocorrência — volto a afirmar, assim como em quaisquer outros aspectos de nossas vidas, sejam familiares, sociais ou profissionais.

De modo geral, quando as pessoas se agradam da leitura, normalmente com temas que mais as atrai, tendem a mandar comentários lisonjeiros, o que muito nos comove. Mas quando não se agradam, na maioria das vezes se calam, e bons entendedores percebem que têm que tomar outros rumos; mesmo as críticas construtivas, quando bem elaboradas — excetuando as carregadas de inveja —, auxiliam muito nosso trabalho.

Uma vida plena, com trabalho, família, amigos e aspectos sociais, muitas vezes nos leva ao desleixo em alguns aspectos que, oportunamente, podem ser retomados sem prejuízo do todo.

Escrever é um prazer ainda maior do que ler. Colocamos nossos sentimentos mais intensos em palavras que traduzem emoções. Meus caros leitores, é uma responsabilidade, e ao mesmo tempo uma alegria, vir todas as sextas-feiras ao meu teclado e digitar textos para que tantas pessoas compartilhem as mesmas emoções.

Vou finalizar recordando um adágio antigo, aquele que afirma que a pena fere mais do que a espada.

# Agonia

Fui ver o filme cuja protagonista, Julianne Moore, foi vencedora do Oscar.

Tinha sido advertida de que seria um filme pesado, mas apesar do tema angustiante, gostei muito, especialmente da atuação magistral da atriz. Trata da agonia de uma mulher tomada pelo mal de Alzheimer e sua luta para manter-se lúcida.

O que seria de nós sem nosso cérebro funcionando perfeitamente? Seríamos como uma criança perdida numa festa no parque. A consciência de uma mulher que investiu tudo em sua riqueza maior, que para ela era a cultura e o conhecimento, ver tudo se esfacelar pouco a pouco, e em idade tão pouca!

Já tenho presenciado essa deterioração da mente em pessoas próximas, e como é difícil enfrentar o problema. A tomada de consciência de que a condição é iminente traz consigo uma grande tristeza, e até depressão para o paciente e seus entes queridos.

A maneira de lidar com isso é que é o X da questão. Na verdade, uma questão de decisão: vou me enterrar no silêncio e não me comunicar mais, para tentar camuflar minhas deficiências cognitivas, ou enfrentar o problema com bom humor?

Conheço uma pessoa que se decidiu pela segunda proposta. A princípio, realmente se manteve calada, por saber que sua genialidade estava em xeque, mas depois resolveu curtir o que a vida ainda lhe oferecia. Pequenos lapsos de memória não a impediriam de sorrir do próprio esquecimento e das perguntas constantes e repetitivas.

"Acho que já perguntei isso!"

E foi tocando a vida. Rindo de sua própria dificuldade, segue aproveitando a convivência da família, que lhe dá total apoio.

Esse problema se torna cada vez mais corriqueiro, na medida em que a população envelhece e se escancaram os pacientes sem vergonha. É preciso que se adote quanto a essa doença a atitude que se tem com outros males do corpo. Lembro-me do tempo em que ter câncer era uma grande vergonha, e hoje vemos muitas carecas sendo exibidas sem constrangimento.

Num programa de televisão, constatei o grande amor de um neto por sua avó, quando decidiu se dedicar totalmente a ela em seus tempos derradeiros. O rapaz trazia a alegria da juventude para junto da anciã, que se mostrava muito feliz nas cenas que ele gravou com ela. Riam-se das bobagens que ela fazia, assim como ela provavelmente fez quando ele garotinho em seu colo e também errava as palavras e não conseguia atinar com os fatos da vida.

Por coincidência ou felicidade, ao chegar em casa após o cinema, li que um novo tratamento em cobaias está sendo desenvolvido na Austrália e tem alcançado sucesso em até 75% dos casos, um tratamento feito com ondas, se não me engano sonoras, que afastam os bloqueios para que os "caminhos para os pensamentos" sejam desobstruídos.

Fico muito feliz por ter trazido este assunto à tona, e de algum modo dizer que a esperança ronda as mentes que estão perdidas.

# FIM DO MUNDO?

Eu bem que suspeitava que esse pessoal que habitava a América Central não era mesmo muito bom em previsões, caso contrário, teriam suspeitado daqueles homenzinhos de lata fedorentos falando uma língua estranha que começaram a surgir depois do descobrimento da América, aliás, eles nem desconfiaram que a América estava perdida.

Deu no que deu: foram dizimados, e, para eles, o mundo acabou muito antes de 2012. Assim caminha a humanidade.

Eu, que sou totalmente avessa a desperdícios, não comecei a escrever esta singela crônica ontem, vai que o mundo acabasse mesmo e eu teria perdido meu tempo à toa, mas hoje aqui estou, e após esta pequena introdução, e depois de avisar que esta será a última crônica deste ano, resolvi comentar uma frase que escutei em um comercial ontem à noite: "O ano novo está adormecido em nosso coração."

Achei genial. Realmente, não dá para desejar que os próximos doze meses nos tragam saúde, paz, prosperidade, amor, amizade etc. se tudo isso não estiver latente dentro de nosso peito.

Vamos criar a partir de nosso sonho o mundo que desejamos. Quer saúde? Alimente-se melhor, durma mais, exercite-se na medida certa. Quer paz? Semeie, perdoe se possível ou afaste-se e esqueça quem te magoou. Quer prosperidade? Vá à luta, trabalhe, crie, não esmoreça, não desperdice. Quer amor? Dedique-se de corpo e alma a quem você ama, esquecendo as picuinhas, os probleminhas, dizendo mil vezes o quanto seu amor é importante, faça muitos carinhos e elogios e assim receberá amor de volta. Quer amizade? Convide os amigos para sua casa, que seja para um café, escute seus problemas com atenção, esteja presente nas horas difíceis, mas mais do que tudo, ria muito com eles, divirta-se à vontade, amigo não é parente, você é que escolhe.

Deseje do fundo do coração o que você quer, e as forças do universo conspirarão com você. Eu, de minha parte, estarei desejando a todos vocês que me leem semanalmente um ano maravilhoso, esperando que possamos nos encontrar em minhas linhas por todas as semanas do próximo ano.

# Cavalheiro

Fui assistir no Ginásio do Ibirapuera à apresentação de jogos de tênis de grandes e famosos tenistas, como o nosso brasileiro Bellucci, Maria Sharapova, Serena Williams, Tsonga, e deixei por último o simplesmente espetacular Federer.

Já o tinha visto jogar outras vezes, mas agora, no meu próprio país, foi uma experiência incrível. Parecia jogar mostrando ao seu oponente, quase um pupilo, vários golpes diferentes de tudo o que se possa imaginar.

Ângulos inesperados, jogadas divertidas, posições corporais quase impossíveis, tomadas de decisão em frações minúsculas de tempo — tudo isso demonstra por que ele é hoje considerado o melhor tenista de todos os tempos.

Entretanto, não é sobre seus golpes que quero falar aqui hoje, e sim de seu cavalheirismo. A cada ponto, muitas vezes de deixar a torcida boquiaberta, o grande tenista simplesmente abaixa a cabeça e vai tomar sua posição na quadra. O jogo era de exibição, apenas contra o excelente Tsonga, então algumas vezes, após uma brincadeira em quadra, podia-se vislumbrar um sorriso divertido de alguém que estava num país conhecido pela alegria e descontração. O suíço se mostrava muito mais à vontade do que lhe é habitual, mas mesmo assim, com a classe que sempre o caracteriza.

Estou certa de que todos apreciam a classe e o cavalheirismo nos homens, mas são raros aqueles que se dispõem a praticá-los. Essas características podem ser encontradas em qualquer classe social e econômica, não é a cultura que ensina a alguém como se comportar com gentileza, mas sim o respeito por seus semelhantes.

Alguns acham que delicadeza no agir, principalmente com as mulheres, denota fraqueza, e poderia levar a uma suspeita de falta de masculinidade, mas geralmente são esses homens que acabam fazendo sucesso com o sexo oposto. Fazer algazarra aos brados, incomodando os demais, não cativa nenhuma mulher; comer de maneira rude, muito menos, sem falar de outras funções corporais que devem ser exercidas única e exclusivamente de maneira particular. A masculinidade que encanta as mulheres é sutil, deixa-se vislumbrar somente em algumas ocasiões especiais.

Federer é um exemplo disso tudo. Mostra sua virilidade na força e rapidez de seus golpes, mas para por aí, sempre elogiando seus adversários e quase se desculpando por sua superioridade. Seu carisma está exatamente aí.

Tenho a felicidade de conhecer uns poucos homens assim. Estão sempre levantando a moral de suas mulheres, presenteando-as e elogiando-as. Essas atitudes somente lhes trazem benefícios. Me entristece ver que muitas mulheres estão querendo se equiparar aos homens justamente no que eles têm de pior, usando palavreado chulo e de baixo calão e tomando atitudes grosseiras. Ainda por cima se queixam de que há escassez de homens; ora, para esse tipo de companhia os machos preferem seus pares, pois, como grande vantagem, não têm que tolerar as mudanças constantes de humor que nós apresentamos.

Deixo aqui minhas felicitações para o maior tenista de todos os tempos, mais do que isso, para o grande cavalheiro que ele é.

# Mistério

Há algum tempo decidi escrever outro livro, agora no gênero policial, e até comecei, mas não gostei do que estava fazendo, era muita realidade para o meu gosto e o linguajar que eu teria que usar não me agradava, portanto dei um "pause", mas estava meio inconformada até que li um artigo sobre a grande dama dos policiais Agatha Christie e recordei como era agradável a leitura de seus livros.

Li praticamente toda a sua obra durante minha juventude, e tenho até hoje muitos exemplares em minha casa que, certamente, se tornarão artigos de museu em poucos anos graças à revolução do livro digital que já bate à nossa porta com todas as suas facilidades; por exemplo, dos confins do mundo, tarde da noite, resolvi baixar um dos livros da grande escritora para reler e analisar e *voilà*, em questão de poucos segundos já estava de posse do exemplar.

Voltando à Sra. Agatha, ela com certeza foi um dos grandes motivos de eu me interessar por literatura. Era capaz de passar horas e horas pregada diante das páginas, que tomavam vida. Seus personagens eram instigantes e variados, e alguns tornaram-se ícones, inspirando vários filmes.

Quem não se lembra de Poirot, figurinha esquisita e hilária? O grande herói, gênio que adquiria contornos absolutamente humanos com suas neuras, era bastante vaidoso e detalhista, mas não conseguia perceber como era cômico de se olhar. A ambientação dos livros, Londres e arredores, também nos trazia novos conhecimentos sobre a geografia, o clima, os costumes da época, fins do século XIX e começo do XX, e aquelas vestimentas tão formais e até ridículas para nossos padrões também eram estimulantes. Miss Marple, outra figura interessante, apesar de ser pessoa corriqueira e meio matrona também tinha uma capacidade incrível para desvendar os casos mais misteriosos.

Muito bem, meu novo policial vai ser no gênero romântico de meu ídolo da juventude. A adaptação terá que ser imensa em tempos de tecnologias avançadas, que, apesar de bastante longeva, a escritora não chegou a conhecer.

Como substituir os bilhetinhos e cartas pelas mensagens eletrônicas? No nosso tempo, quase nada mais fica escondido, com as câmeras e filmadoras que já vêm incorporadas em nossos celulares, que, por sua vez, nos conectam instantaneamente a qualquer parte do planeta. Portanto, vejo que será uma obra portentosa criar algum mistério a partir desta nova realidade.

Os personagens já estão sendo elaborados, inspirados no cotidiano da cidade de São Paulo, e a ambientação será uma ilha no litoral paulista, ou em Angra dos Reis. Sempre que possível, mandarei notícias para vocês.

Desejem-me sorte nessa empreitada.

# Endurecer sem perder a ternura

Vejo muita gente mal resolvida se arvorando em conselheira dos outros. Nem vou citar aqui o dito que fala sobre conselho, mas nós, por mais que saibamos que devemos manter o bico calado, estamos sempre buzinando nossas opiniões nos ouvidos alheios. Foi o que fiz no outro dia.

Bem, não é que fui me metendo sem mais nem menos. O homem chegou no meio de uma mesa onde havia um montão de mulheres e foi logo contando o seu problema. Pronto, deu no que deu: alguém, no caso eu, foi meter seu bedelho.

Apoiada no fato de que comigo deu certo, pois tenho três filhos bem resolvidos, achei que podia ajudá-lo naquela questão.

O problema é que seu pimpolho de quatorze anos estava num dilema, já que é originário de um casamento com uma americana e sempre viveu nos Estados Unidos, fazendo visitas ao pai amoroso nas férias aqui no Brasil. Ia tudo muito bem enquanto era criança, mas daí chegou aquela época fatídica da adolescência, e o garoto veio morar aqui com o pai. A adaptação nunca é fácil, pois o pai das férias virou cotidiano, com o agravante de os avós brasileiros, sem conhecer direito sua cultura, ajudarem na criação do moleque.

Resumo: depois de alguns meses, ele quer voltar para os EUA. O pai, que quer ser amigo do filho, disse que o ama, e gostaria que ele permanecesse, mas que a decisão era do garoto. Foi aí que meti minha colherona.

Depois que todas se foram, sentei-me com ele e disse que assim ele não ajudaria seu filho, já que com quatorze anos ninguém sabe decidir nada, precisa de alguém que lhe diga o que fazer. É para isso que existem os pais, para serem odiados na adolescência. Deixar a decisão para eles é um fardo muito pesado. O que eles querem é que alguém resolva, e depois, sim, ficam reclamando, se rebelar faz parte do processo de crescimento. Precisamos odiar nosso casulo para tomar coragem de arrebentá-lo e assim poder nos expandir, abrir nossas asas e voar, enfrentar o desconhecido, já na ocasião preparados para isso.

Aqueles que não se desenvolvem plenamente não sobrevivem se forem obrigados a sair ao mundo sem o aparato necessário. Fui uma mãe muito exigente e até intransigente, mas hoje, depois de todo aquele trabalho, olho para trás e vejo que valeu a pena. Cada um a seu modo, os três vão muito bem, obrigada.

Penso sempre que o que nenhuma criança suporta é o abandono, a falta de amor, o desprezo. Eu, apesar de ter sido dura, nunca perdi a ternura e nem desisti. Estava sempre atenta aos mínimos comentários sobre a escola e os colegas, aos esportes, à diversão. Os filhos, apesar de eles mesmos pensarem o contrário, sempre querem nos dizer o que se passa, e se estivermos atentos podemos evitar decepções maiores.

Quando decidirem trazer criaturas a este mundo, os pais devem saber que o trabalho é insano, difícil, e para sempre; mas a compensação supera, se nos dedicarmos com verdadeiro afinco.

Ame muito os seus filhos. Saiba que eles não nasceram para serem seus amigos e sim, seus filhos. Dedique a eles amor de pais e em troca receberá amor de filhos.

Amigos você arranja por aí, sem compromisso e sem obrigação.

Não desista, pois mais tarde eles lhe darão netos e o amor continua!

# Nas nuvens

Meio sem inspiração e ainda cansada de um jogo de tênis ontem à noite, que, aliás, ganhei, juntamente com minha superparceira, fui procurar inspiração nos sites de notícias, coisa que nunca faço. E devo ter ido ao lugar errado, pois o melhor que consegui foi um "ex-BBB" e um "Miss Bumbum". Nem prossegui, resolvi falar mal da TAM mesmo, melhor dizendo, falar a verdade.

O que acontece com aquela companhia? Sou sua usuária há muito tempo, tenho cartão fidelidade e tudo, pontos a dar com pau, mas mesmo assim sou tratada desrespeitosamente.

Só para dar uma ideia do que está se passando, na última vez em que voei de Orlando para São Paulo, ao fazer o *check-in* no balcão fizemos a atendente saber que eu e meu marido temos direito a pleitear lugar especial no avião e pedimos a possibilidade de assentos junto à porta de saída de emergência. A atendente, muito solícita, nos disse que pediria autorização para seu superior. Aguardamos pacientemente e, quando ela voltou com um sorriso nos lábios, nos animamos. Disse-nos que nossa solicitação tinha sido acatada e lá fomos nós muito faceiros tomar nossos lugares. Quando lá chegamos, vimos que havia uma senhora sentada no lugar que pensávamos ser nosso; conferimos o *boarding pass* e vimos que nossas poltronas não eram aquelas, e sim as logo em seguida. Sentamo-nos calados, pensando que deveria ter ocorrido algum erro.

Passados alguns minutos, chegou um casal com uma criança pequena pleiteando o lugar daquela senhora. Ela, muito espantada, disse que a balconista tinha lhe informado que o assento dela era o da frente e então nem chegou a conferir, mas levantou-se e foi se sentar logo atrás de nós. Tudo bem, uma vez a gente entende, mas duas... já dá para desconfiar.

Começa o voo, e daí a pouco, em meio ao alarido da criançada, exausta pelos dias passados na terra da fantasia, lá vem o carrinho com a comida.

— Carne, frango ou pasta?

Pensei que não estava numa companhia aérea nacional, pois essa é a comida das americanas.

— Frango por favor.

— Acabou.

— ??????

— Então pasta.

Lá veio aquela bandejinha lotada de vários recipientes cheios de gororoba. Que medo de derrubar! É difícil manobrar todas aquelas coisas com os bracinhos encolhidos. Parecíamos todos Tiranossauros Rex.

Enquanto comia aquela diminuta porção, fiquei imaginando como iriam se virar aqueles rapazes gigantes, provavelmente de algum time de basquete, com aquela merreca de comida que mais parecia isopor ensopado. O jeito era jogar todo o sal do pacotinho, mais o que tivesse de tempero, para disfarçar um pouco o insosso da refeição. O pãozinho estava gelado. A sobremesa nem abri, pois já tinha provado na ida e tinha gosto de banha vegetal, não, obrigada. Gastar as calorias que posso ingerir para não perder a forma com aquela porcaria? Eu não.

A chegada também foi infame. O avião parou no meio da pista do setor de carga e, no meio da chuva, os passageiros correram na tentativa de apanhar o ônibus. Consegui entrar logo, mas via pela janela os outros no meio da escada do avião verem nosso ônibus sumir em meio à tempestade.

O caos estava instaurado na esteira de bagagens, várias mães tentando controlar seus bebês e aguardando que todas as malas fossem descarregadas para depois aparecerem com os carrinhos que deveriam ter sido os primeiros na esteira.

Hoje fui tentar resgatar uma passagem de um voo que não pude pegar, pois era o último dia. Lá chegando, fui atendida por uma moça que estava de muito má vontade com a sua própria companhia, dizendo que o tal Black Friday anunciado, vendendo passagens baratas, era um engodo.

Resumindo, por causa de um tal ano bissexto, graças a um dia a mais— (??????) deveria ser o contrário —, não pude resgatar. Me ofereceram uns bilhetes por um preço pelo qual eu poderia conhecer todo o Velho Continente. Saí dali realmente desanimada: o preço decolou e o serviço aterrissou.

Lembro-me de que há poucos anos nos serviam a bordo refeições preparadas por chefs, com especialidades em comida brasileira de primeira linha. Não vou nem comentar os serviços que prestavam outras companhias brasileiras, especialmente a VARIG, onde trabalhou como aeromoça uma moça muito simpática que agora virou escritora e conta com muito glamour como era viajar de avião: a *Estrela Brasileira*.

Ainda estou com a cabeça nas nuvens depois dessa.

# A LISTA DO BALDE

Meu marido, a título de diversão — já que estamos na praia cuidando de três crianças com tempo chuvoso —, nos perguntou a mim e à minha filha quais seriam as cinco coisas que gostaríamos de ver realizadas antes de morrer.

Lembramo-nos imediatamente do filme "The Bucket List", com Jack Nicholson e Morgan Freeman, dois monstros sagrados do cinema. Os personagens sabiam que estavam à beira da morte, o que, felizmente, não é o nosso caso. Respondi de bate-pronto que uma das coisas seria comemorar o réveillon de 2053. Recebi uma reprimenda:

— Falei a sério e você nem pensou para responder.

Eu, por meu lado, achei minha ideia genial, pois logo de cara já vou considerando que terei no mínimo cento e três anos, daí terei muito tempo para realizar muitas coisas, muito mais do que apenas cinco, mas não é do meu feitio ficar fazendo listas, sou mais do tipo "deixa a vida me levar".

Tem dado certo, parece que o destino sabe muito bem o que é melhor para mim. Isso me deixa muito livre e tranquila para ir tocando o barco, sem maiores responsabilidades e tomadas de decisões. O prato já vem pronto, só me resta saboreá-lo. Assim sendo, não correrei o risco de tomar uma resolução precipitada do tipo ir visitar a Argentina, que era o ideal de muita gente no século passado e que agora se tornou uma ideia absolutamente obsoleta.

Eu poderia igualmente cair na esparrela de desejar o fim da fome no mundo, a paz mundial etc., mas já estou sábia o bastante para ter certeza de que enquanto o mundo for gerenciado pela raça humana, isso jamais irá ocorrer, já que a luta pelo poder é maior do que tudo. Quem está fora anseia desesperadamente por ocupá-lo, sem enxergar que às vezes seu lugar não é lá, pois sua competência não é suficiente.

Voltando ao tema inicial, acho que com cento e três anos tenho a possibilidade de ver nascer algum bisneto, e assim constatar que permanecerei perpetuada através de meus genes nas crianças. Só espero estar no lugar certo e na hora certa como aconteceu quando eu passava pela rua, há trocentos anos, e me deparei com aquele rapazinho, que na época me pareceu um homem feito, e ele se encantou pela menina moreninha que viu. Deu no que deu.

Estamos no meio de um feriado prolongado, e o clima não é exatamente aquele que desejamos, pois estava frio e garoando até ontem à noite, tivemos então que improvisar e as coisas saíram bem melhores do que o previsto, com muita diversão dentro de casa mesmo. Muitos estarão, assim como eu, dependendo de uma internet lenta ou nem isso, portanto a crônica será curta e tranquila.

Hoje amanheceu um dia lindo e a diversão aparentemente vai continuar, ou não, quem sabe o que nos foi destinado?

# Meus flamboyants

*A adversidade desperta em nós capacidades que, em circunstâncias favoráveis, teriam ficado adormecidas.*

Horácio

Quando planejamos os jardins de nossa casa, resolvemos colocar na calçada oito flamboyants, pois são minhas árvores favoritas. Costumam não ser muito altas, e seus longos galhos se estendem por metros, muitas vezes se debruçam e alcançam o chão. O tronco forte, de um marrom acinzentado, contrasta muito com suas folhinhas verde-claro e as flores, que em sua maioria são vermelhas e quando florescem agradam muito os olhos de quem as vê. Existem exemplares de flores amarelas, mas são raros. Certa feita, uma senhora do interior do país — que adorava plantas e já está em outro plano, quiçá olhando as copas de cima — me pediu uma mudinha daquela de tonalidade diferente. Não sei se chegou a plantá-la, mas se o fez, a árvore com certeza a estas alturas já está florindo no cerrado brasileiro.

Muito bem. Moro em São Paulo, uma cidade que adoro. Quando todos estão reclamando dos transtornos que essa metrópole gigante traz, me lembro dos ipês com seus buquês amarelos, rosas e brancos, das azaleias de todas as cores, das acácias amarelas, das lindas magnólias com suas flores brancas imensas.

Logo que começaram a crescer os meus flamboyants, percebemos que talvez tivéssemos cometido um grande erro, e esse não seria o melhor espécime para ser plantado próximo à rua, pois os carros e ônibus passando rente à calçada quebravam os galhos ainda pequenos que queriam se espalhar, tomando o espaço do fluxo de automóveis. Todas as árvores sofreram muito por longos anos, e até tivemos que replantar uma que não resistiu. Mas nos ensinaram uma lição de sobrevivência: quanto mais seus galhos eram quebrados, mais elas cresciam, e hoje estão extraordinariamente altas. Hoje, podem passar os maiores caminhões e os ônibus mais altos que não as atingem mais.

Não tenho muita queda para esse negócio de autoajuda — no caso ALTA ajuda —, mas me peguei pensando que esta é uma lição para nós, humanozinhos pretensiosos. Aprendamos com a Natureza, que é sábia: nada de fazer como aquela arvorezinha que pereceu, pois foi substituída e já tem outra em seu lugar. Miremo-nos no exemplo das sobreviventes, as altaneiras, que pairam muito além das vicissitudes e espalham beleza e alegria pelos caminhos dos transeuntes. Até as flores que caem servem para colorir o asfalto triste.

Todos os dias, chegando em casa ou esperando pacientemente que o tráfego de automóveis arrefeça um pouco, ou que algum motorista mais tolerante me dê a passagem para que eu possa finalmente entrar no recesso de meu aconchegante lar, paro alguns instantes para admirar a beleza de minhas árvores, *tolinha*, gosto de assim pensar, *pois não são minhas, nem de ninguém*. Apenas as plantei e, provavelmente, permanecerão por longos anos bem após minha partida; também eu poderei admirá-las lá de cima, se continuar sendo boazinha.

# Meu filme favorito

Todo mundo tem um, e o meu é "Forrest Gump", dentre tantos maravilhosos que já vi, mas elegi esse para responder de bate--pronto caso seja entrevistada de supetão.

Considere-se que o ator acho que também posso dizer que é meu favorito, pois para mim, para ser considerado bom ator, o camarada tem que saber interpretar tipos diversos, e já vi o Tom Hanks fazendo papel de criança em corpo de adulto, de homossexual moribundo, par romântico em comédias leves, soldado durante a guerra, estrangeiro preso em aeroporto, perdido sozinho em uma ilha solitária; mas se supera nesse papel de um rapaz com inteligência limítrofe.

Seria muito fácil escorregar para a caricatura como tantos fazem, mas se manter no fio da navalha, carregando o papel com galhardia e mostrando que todos os seres humanos têm sempre várias facetas, é pra muito poucos.

Conheço algumas pessoas que se enquadrariam no perfil do personagem, e posso atestar que, como ele, trazem da infância a inocência, a sinceridade e a lealdade. Estão presos à Terra do Nunca e têm dificuldades imensas em largar de vez os brinquedos.

Não vão me interpretar mal, e pensar que isso é coisa que todo o homem adulto faz, pois assim de fato é: o homem comum, na maioria das vezes, camufla muito bem seus brinquedos trocando os da infância por exemplares geralmente muito maiores; é o caso de carros, motos, aviões (pra quem pode) e por aí afora, e falam deles lhes dando a maior importância.

A única incongruência que notei na composição do personagem é, justamente, a falta de apego a algum brinquedo. Não fez falta, foi um filme magnífico, e esse deslize só serviu para torná-lo ainda mais realista.

# As viúvas do PT

Alguns continuam pranteando um PT que idealizaram, creram ser um partido bem-intencionado, aquele que trabalharia em prol dos pobres e miseráveis do país, e pior do que estes são os órfãos, os viúvos, os abandonados etc., que não perceberam que ele não morreu porque nunca existiu de fato.

O PT real é este que está sendo desmascarado ao longo dos últimos anos. Lula, nem no começo de seu primeiro mandato seguiu os preceitos que durante anos bradou nos ouvidos de seus correligionários, preferindo, acertadamente, dar continuidade aos planos de governo de seu excelente antecessor, aquele que domou a inflação que corroía nosso país e implantou medidas sociais vigentes até hoje, e a quem ele tanto inveja. Conheci alguns ex-filiados a esse partido que já nessa época estavam conscientes de que tinham sido traídos.

Nunca me iludi, e não digo isso contando vantagem, mas notei que o partido era uma aglomeração de gente se reunindo e deliberando por horas, e até dias, sem chegar a nenhuma conclusão. Tinha, porém, a ilusão de que estavam no caminho da boa intenção. Minha desilusão não foi tão grande por nunca tê-lo apoiado, mas me senti triste por perceber que, além da falta de capacidade, também faltava honestidade a seus maiores dirigentes. Hoje, já posso me referir aos chefes do partido como criminosos, pois foram julgados e assim declarados.

Estamos às vésperas do segundo turno das eleições para prefeito da Capital de São Paulo, e, segundo as pesquisas — nas quais nem acredito tanto, haja vista o primeiro turno —, mostram grande vantagem para o candidato do PT. Sinto muito por perceber que o nosso desinformado povo quer sempre novidade, e esse é o motivo principal dessa vantagem, pois embora tenha conhecido pessoalmente esse candidato e ficado muito bem impressionada, não entendo como pode se submeter a alianças com políticos tão difamados pelo ex-torneiro mecânico, como se tudo pudesse ser apagado da memória de todos num agito de varinha mágica.

Tento ainda entender a que quer se aludir o ex-presidente quando discursa sobre as elites, pois que não tem cultura todos sabemos, e quer assim se referir aos ricos, mas sabe-se perfeitamente que hoje o presidente também é, finalmente, um homem muito rico, assim como sua prole; e ainda assim usa a palavra como se a ele mesmo não descrevesse.

Ainda tenho esperanças de ver esse quadro revertido, e que esse partido não venha novamente atrasar esta cidade. Já que estamos em período eleitoral, vou aproveitar e fazer uma promessa que, todos verão, será cumprida:

Prometo não falar sobre política por bastante tempo.

# Amigas

Sei que o tema está meio batido, mas sempre faz sucesso. Vou falar sobre a amizade entre mulheres.

Muitas vezes me questiono se somos realmente amigas, pois… vou explicar com uma piadinha muito elucidativa a diferença entre os relacionamentos femininos e masculinos:

Duas mulheres se encontram na porta do cabeleireiro.

— Oi querida! Você está deeeeslumbrante. Adorei seu corte novo. E a cor, então? Diviiina! Se importa se eu pedir pro Didinho fazer igual?

— Minha linda! Pode copiar, mas já sei que em você vai ficar deeeezzzz vezes melhor!

A que entra vai resmungando:

— Essa louca! Onde pensa que vai com esse gambá na cabeça? Está medonho. Acho que o Didinho está com maus fluidos hoje. Vou só fazer as unhas e nem chego perto dele.

A que sai, pensa:

— Essa tarada está sempre de olho no meu namorido. Acha que me copiando vai conseguir alguma coisa com ele.

Dois homens se encontram na porta do barbeiro.

— Oh! Cara!!! Que aconteceu? Cortou com o Pombo??? Te cagou na cabeça outra vez!

— Pô, cara! Tá sempre zoando! Tá com inveja? Teu cabelo já era. Só tem meia dúzia de fios de cada lado. Pede desconto que o Pombo não gasta nem cinco minutos com você.

O que entra, vai rindo e pensando:

— Esse cara é mesmo bacana. Pega todas. Não tem pra ninguém.

O que sai, vai conjeturando:

— O careca é mesmo boa gente. Tá com uma grana preta e continua no mesmo barbeiro do bairro desde criança. Sempre foi sabido, estudou muito até no estrangeiro e continua simples. Gosto desse cara.


Com certeza a amizade entre os homens é mais simples. Durante o jogo de futebol xingam a família toda, especialmente as mães, e terminam gargalhando com uma cerveja gelada como se nada tivesse acontecido. Somente alguns, mesmo assim quando estão muito bêbados, fazem confidências, e para qualquer um que esteja perto, até o faxineiro do bar.

Já as mulheres, se durante um jogo de tênis têm alguma divergência sobre contagem ou saída de bola, aceitam com um sorriso o que a adversária marcou, mas saem azedas da quadra falando o diabo da parceira. Ficarão algum tempo arranjando desculpas para não jogar mais, até passarem a raiva e a mágoa.

Sinto falta da sinceridade e franqueza que há entre os homens, mas não trocaria pelo acolhimento com que somos recebidas pelas amigas nas horas difíceis: sempre nos escutam e se prontificam para estar ao nosso lado apenas como ouvintes, ou mesmo auxiliando no que seja necessário, tipo acompanhamento aos médicos, ajuda na casa e com os filhos.

As mais jovens, hoje, em função da necessidade gerada pelo trabalho e também pela companhia mais intensa com os homens, além de estarem adquirindo os maus hábitos deles, também estão aprendendo as vantagens de ser mais diretas.

Parabéns, mulheres!! Vocês são o máximo!

# ÉTICA E CIDADANIA

*Primeiro, eles vêm à noite, com passo furtivo/ arrancam uma flor/ e não dizemos nada./ No dia seguinte, já não tomam precauções:/ entram no nosso jardim,/ pisam nossas flores,/ matam nosso cão/ e não dizemos nada./ Até que um dia o mais débil dentre eles/ entra sozinho em nossa casa,/ rouba nossa luz,/ arranca a voz de nossa garganta/ e já não podemos dizer nada.*

Maiakovski

Há alguns anos fui convidada a organizar um evento sobre ética e cidadania. Seria uma palestra ministrada pelo nosso ex-presidente Fernando Henrique Cardoso. Foi uma noite típica de São Paulo, ou seja, caos. Chovia copiosamente e o trânsito estava impossível. O evento, que deveria receber mais de mil pessoas, só contou com pouco mais de quinhentas e que chegaram muito atrasadas, mas estas foram agraciadas com palavras sábias.

Abri a palestra com o poema acima, de Maiakovski. Na época, estávamos próximos à eleição para presidente. Tínhamos muito medo. Esperávamos uma guinada total para a esquerda, com as consequências nefastas e antidemocráticas disso oriundas, como a perda de liberdades.

Como mais tarde tivemos a alegria de constatar, nada disso

ocorreu, pelo contrário, as boas atitudes do governo anterior floresceram na nova gestão e o país progrediu economicamente, se estabilizou a democracia. Vimos uma melhora na qualidade de vida da população menos favorecida, com o apoio paternalista do estado. As consequências desse paternalismo estamos começando a notar agora, com a falta de infraestrutura e sem a criação de frentes de trabalho, o que não esperávamos, absolutamente, já que o partido vencedor das eleições era justamente aquele que se autoproclamava o dono da ética, da moral, dos bons costumes etc.

Naquela noite, pude aprender com o mestre a definição de ética, que é o estudo da arte de viver bem em sociedade levando em consideração uma série de condutas e atitudes referentes à moral, à virtude, ao dever, à felicidade e ao bem viver. Qualquer estudo sobre o tema trará em seu bojo, com certeza, as palavras: bom, mau, certo, errado, obrigatório, permitido.

As grandes profissões trataram de orientar seus profissionais no sentido de seguir os padrões de ética a elas inerentes, incluindo na formatura um juramento que engloba a ética no trabalho.

O governo que na época se instalou, e que permanece até agora, profanou a moral já muito estigmatizada da classe política. Hoje, quando se trata desse tema no país, imediatamente já se infere a corrupção e o mau-caratismo.

As novas gerações, geradas já sob esse regime, nem se dão conta do mal que a falta de moral e ética podem trazer para a sociedade. Cabe a nós, que vivemos em outras circunstâncias, esclarecer e cuidar.

Nestes dias, vivemos um momento eleitoral atípico, onde concomitantemente estão sendo julgados não somente maus cidadãos e, principalmente, políticos, mas também uma era, um modo de conduta, a ética política; nós, eleitores, temos a possibilidade de fazer nosso próprio julgamento, dando um basta a todos os malfeitos que hoje ocorrem como nunca antes na história do nosso país. E é aí que entra a cidadania, que trata das relações dos indivíduos entre si e o Estado.

Enquanto cidadãos, temos direitos e deveres. Um dos

direitos, aliás o mais importante, é justamente escolher quem vai gerir as nossas cidades, os Estados e o país. O maior dever é optar pelos candidatos mais dignos, e que pertençam a partidos comprometidos com a honestidade.

Não citei aqui nenhum nome de concorrente — isto é ética —, mas contribuí com informações importantes para a escolha do concorrente — isto é cidadania.

# Ré confessa

Confesso: desta vez não fui. Todos que me conhecem estavam esperando minha presença, já que sempre estive lá, mas, desesperançada, desta vez fiquei em casa, acomodada em minha tranquilidade, esperando mais uma frustração. Mas, ora vejam, para minha surpresa, em muitas cidades do país viram-se umas cabecinhas aparecendo de dentro do lamaçal, tais como flores de lótus. Vinham com suas carinhas pintadas de verde e amarelo. Senti um sopro de orgulho.

Nosso povo, hoje tão voltado para dentro de seus pequenos prazeres, sem saber de sua efemeridade, finalmente resolveu reagir. Sem liderança política, sindical ou qualquer outra, somente amealhados nas redes sociais, foram às ruas protestar contra a corrupção. Que alegria! Da próxima vez estarei lá, bem na frente, como sempre. Vou procurar na minha caixinha de maquiagem meus velhos potes de cremes verde e amarelo e levarei no bolso para espalhar pelas ruas. Vou vestida de preto, pois estou de luto pela morte da vergonha. Deixarei o branco para o réveillon, pois pedir paz vestindo branco nos remete a um rebanho de carneirinhos que ao primeiro barulho se dispersam. Vou de cabeça erguida, na certeza de que estarei lutando pela dignidade e pela ética. Vou com meus amigos, pois procuro me cercar de gente do bem, Berenice, Bea, Verinha; Ana Maria vai acompanhar de cima, vou com minha família, que procura pautar sua vida dentro dos preceitos de honestidade.

Quando organizamos uma reunião para falar sobre ética e cidadania, orientados por um certo ex-presidente professor, percebemos que estas andam de mãos dadas, pois aqueles que praticam a cidadania visando sempre o bem da comunidade a que pertencem, seja ela um condomínio, a rua, um clube, uma cidade, um país ou o mundo, têm sempre que estar orientados pela ética, pelo respeito ao próximo, procurando participar sempre para que seus pares menos favorecidos tenham oportunidades de acompanhar o andamento da sociedade a que pertencem, não destoando, e assim não necessitando violar nem as leis nem a própria ética, que é um conjunto de orientações que regem a vida em sociedade.

Quem conseguiu chegar até aqui sem se aborrecer muito, vai ganhar um refresco. Vou contar um caso que aconteceu comigo na semana passada e que trata justamente da convivência dentro de uma sociedade.

Cheguei ao clube naquele dia, estacionei junto ao meio fio — me preocupando em estar dentro do pequeno espaço demarcado que me cabia, lembrando-me do próximo a estacionar. Saí do carro, andei alguns metros e vi que tinha esquecido algo. Voltei a tempo de ver alguém chegando num carrão e fazendo com barbeiragem uma baliza, batendo com violência na frente do meu carro. Bati no vidro para avisar e recebi como resposta uma gritaria cheia de desaforos. Quando avisei àquele senhor, que pensava ser um garotão — pois a atitude, apesar dos cabelos grisalhos, era a de um moleque adolescente —, que havia batido no meu carro, ele foi para frente, engatou a ré e bateu com mais violência ainda; acelerava freneticamente para mostrar toda a sua virilidade.

Saiu do carro e continuou gritando comigo, dizendo que eu nada tinha a ver com isso já que o carro nem era meu, pois ignorava dentre outros milhões de coisas que o veículo me pertencia. Quando se deu conta de que era, começou a gritar impropérios que não repetirei para poupar os leitores daquilo que eu tive que ouvir. Ah! Mas, não sou mulher de ficar quieta. Acredito nas instituições e chamei a segurança. Agora estou aguardando que aquele sócio seja exemplarmente punido.

O que mais me irrita é que eu estava adentrando o clube para trabalhar no Departamento de Assistência Social daquela entidade. Ninguém merece.

# O feioso

Tenho que escolher. Na verdade, quero muito escolher, pois sempre acho que minha escolha é a melhor. Pudera!

O homem que escolhi é muito feioso, mas não estou escolhendo aqui nenhum galã para a novela das oito; ele tampouco é simpático, pelo contrário, nota-se que se pudesse escolher jamais sairia por aí sorrindo, abraçando e beijando ninguém, com certeza preferiria estar em seu gabinete trabalhando, mas ele também não está se candidatando a vendedor. Bem agradecido também não é, pois muitas vezes já trabalhei por ele e nem um obrigadinho, nem cartão de *níver* ou Natal recebi, telefonema nem pensar.

Muito menos estou escolhendo namorado. TESCONJU-RO!!!

O homem que escolhi não tem um pingo de carisma, mas já se viu que nunca antes na história deste país isso foi tão nefasto. Estou escolhendo alguém que goste muito de trabalhar, estou escolhendo alguém que tenha competência e coragem para implantar suas boas ideias. Estou escolhendo alguém que já mostrou bom trabalho, que é patriota e pensa sempre nos interesses de seu país, seu Estado, sua cidade. Escolho aquele que já teve sua vida particular devassada e nada de desabonador foi encontrado.

O chefe dos aloprados há pouco o convidou a se aposentar, mas bem ao contrário do conselheiro, meu candidato está disposto a trabalhar, e é muito sério.

Amo minha cidade, que considero muito linda. É a cidade onde todos vêm para tratar da saúde, para assistir aos melhores espetáculos, onde a cultura mora, a que tem os melhores restaurantes e bares do planeta, que tem o povo mais comprometido com o progresso e o trabalho e, por tudo isso, precisa de alguém também comprometido com isso tudo.

Se você concorda comigo, não se omita, não se iluda, junte-se a mim nesta cruzada: escolha o feiosinho!!

# Deus nos acuda

Por conta dos *hobbies* de meu marido — fazenda e pescaria — viajamos bastante pelo interiorzão, como costumamos chamar os recônditos mais profundos do país. E pude notar nos últimos anos uma grande diferença na qualidade de vida da população mais pobre. Sim, realmente, hoje há melhor comunicação, com telefones celulares em profusão, e mesmo nos lugares onde não há luz, TVs ligadas em baterias, dando a todos a oportunidade de acompanharem os exemplos de condutas que são veiculados nas novelas, e pior, nos noticiários populares.

Também existe muito mais gente gorda, aqueles fiapinhos de gente quase não circulam mais, somente nas passarelas das grandes cidades. Notem que não falei nada sobre gente bem nutrida, pois nas cestas básicas são distribuídos alimentos altamente calóricos e sem nutrientes suficientes, do tipo biscoito, macarrão etc. São alimentos baratos, e podem ser comprados à vontade com as aposentadorias dos pais, e até mesmo avós. O bolsa-família também permite adquirir esses bens.

Há pouco estive no interior do Rio Grande do Norte, e em uma cidade onde fiquei hospedada por três dias observei que havia bares em profusão, onde homens em idade altamente produtiva passavam horas e mais horas do dia e da noite em conversas intermináveis e jogos simples, como o dominó. Pouco comércio se podia notar na aldeota, tampouco indústria, e nem a beleza natural do local tem sido explorada pelo turismo.

Questionei os meus anfitriões: de que viviam essas pessoas? Ao que me foi respondido que de cestas básicas oferecidas pelo governo, de bolsas-família e, principalmente, de aposentadorias de pais e avós como já disse, inclusive citaram o caso de um rapaz na casa dos trinta, que antes trabalhava em São Paulo e agora tinha se mudado para lá, vivendo da aposentadoria de sua mãe e das geradas pelas mortes de seu pai e de seu irmão.

Lembro-me muito bem de minhas aulas de história econômica, onde se podia constatar que somente o trabalho produz a riqueza e, embora por algum tempo se possa em termos pessoais, ou mesmo de um país, viver com riqueza gerada no passado, isso se finda algum dia, levando aqueles que dela usufruíram por algum tempo à pobreza e à estagnação gerada por anos sem investimentos em infraestrutura.

Preocupo-me muito com nosso futuro, pois quando a exaurida pata dos ovos de ouro morrer, de tanto suprir as necessidades daqueles que hoje vivem na ilusão de uma vida mais próspera, quem olhará por nós? Deus nos acuda!

Penso que, hoje, deveríamos estar investindo em empresas geradoras de emprego, em educação, em saúde — percebam que não sou política em época de eleição, pois eles sabem muito bem do que a população necessita —, para que, mais adiante, as futuras gerações possam caminhar sem as muletas paternalistas do Estado.

Ei, pessoal do governo! Ainda dá tempo, não vamos chegar no fundo do poço!

# Fidelidade

— Minha filha, coma mais um pedaço desse queijinho, foi feito ontem mesmo e está fresquim, fresquim.

— Obrigada, D. Laura. Mas estou mais que satisfeita, pois tomei café ainda agorinha. Não são nem dez horas.

— Que isso, menina, prove pelo menos essa linguicinha. Fui eu mesma que fiz, com um porco que o capataz caçou. É porco alongado. A carne é muito sequinha.

— Obrigada, deixe pra mais tarde, que estou ansiosa pra saber dessa história de homem de quatro pés.

A gargalhada da velha senhora encheu o ambiente. Enquanto ria, sacudia a vasta pança. Riu tanto que, no fim, terminou com os olhos marejados de lágrimas.

Então, menina. Foi há muito tempo. Eu mesma era quase uma criança, e tinha me casado havia pouco. Hoje conto a história rindo, mas naquela época foi muito triste para mim.

Era noite de chuva. O céu vinha abaixo havia cinco dias, sem parar, e relampejava, trazendo o dia de volta para a noite escura, sem lua. Por aqueles dias eu estava esperando o finado Zégui, que estava em comitiva fazia já mês e meio. Tinha sumido na poeira, levando uns boizinho pra trocar por novilha.

Estava casadinha de novo e não via a hora dele chegar. Naquele tempo, a gente casava moça virgem. Os pais da gente cuidavam muito, mas desde que eu provei daquelas safadezas não queria mais dormir só. Toda noite era uma aflição, por estar sozinha naquele lugar desconhecido e por falta do calor de meu marido, com seu ressonar pesado.

Conheci meu noivo numa tarde, quando estava jogando os restos de comida para a criação. Vi o homem chegando, montado num cavalo de arreio muito lustroso. Vinha cansado, demorado; e dava pra ver o suor escorrendo, os cabelos muito negros pregados no pescoço e uma barba de uns dias. Olhou em minha direção e até tentei desviar o olhar, mas não pude. Achei que era muito feio e tive medo, mas não conseguia tirar o tal de meus pensamentos. Um dia, meu pai me disse que eu ia casar com ele.

Quando saí da casa de mamãe levei comigo somente umas panelinhas e um enxovalzinho de pobre; Zégui trouxe seu cachorro, misturado de pastor com vira-lata mesmo. O animal seguia o dono por tudo quanto é canto. Até no dia do casamento tiveram que prender o bicho, que ficou uivando o tempo todo. O padre interrompeu a cerimônia e mandou levarem o cão para longe.

Pois então, tudo isso pra dizer como essa fidelidade pelo dono foi a desgraça dele, e minha também. No dia da saída de meu marido para essa tal de comitiva, o companheiro foi atrás até onde deu. Depois de muito enxotado, o pobre animal acabou voltando para casa; tinha as patas sangrando e ganiu por muitos dias, até que finalmente, depois de muito agrado e paciência, acabou se aquietando, mas tanto eu como ele não víamos a hora de ver nosso homem chegar.

Vou confessar que sempre fui muito ciosa de meus pertences, e até uma pontinha de ciúmes do cachorro eu sentia. Naquela noite de tempestade, eu e o cão estávamos inquietos: eu com uma saudade dentro do peito e uma gastura dentro do ventre que me fazia rolar pela cama, sentindo falta de nem sei o quê. Apertava o peito com os braços, já que o coração estava murchinho; e me deitava de lado, prendendo a almofada no meio das pernas — o cachorro inquieto e atento, me olhando a cada barulho diferente e assustado com os trovões.

Conforme a noite crescia, piorava nossa angústia. Foi quando o cão se levantou e começou a latir como o demônio. Eu gritava pra que ele se aquietasse, mas fui ficando preocupada: era só eu, ele e Deus naqueles confins e podia ter alguém procurando uma malquerença por ali.

O descorçoado se levantou. Corria pela casa, atacando a porta com as patas, que ficaram arranhadas. Quando eu zangava, rosnava para mim. O medo de abrir a porta era grande, mas o medo do animal foi maior, e então soltei a fera.

Ele saiu em disparada e eu fui atrás, pois não estava dando conta do que poderia ser. Pisando nas poças, de chinelo, com meu vestido fino pregado no corpo, quase não via o cachorro, só mesmo nas faíscas do céu.

Quando o fôlego quase não dava mais, caminhei mais um pouco e vi o bicho latindo e batendo na porta de um casebre. Eu quase não conhecia o lugar, não sabia quem morava lá. Peguei um pedaço de arame que vi pelo caminho, e quando ia enrolando no pescoço do animal para trazê-lo de volta, vi o cavalo de Zégui.

Foi nessa hora que a porta se abriu e apareceu uma figura muito grande, de chapéu e capa até quase o chão, escorrendo água de chuva. Estremeci de medo, pois nunca tinha visto um homem tão grande. Conforme ele veio em minha direção com um passo esquisito, olhei para baixo e vi que estava descalço, mas o pior é que tinha dois pés grandes e mais dois pequenos.

Soltei um grito de pavor quando o monstro me agarrou o braço. Era Zégui, me mandando ir para casa. Obedeci. Estava indo quando o cachorro latiu; ainda olhei para trás mais uma vez e vi os pés pequenos se enroscarem na bainha da capa — derrubando uma mulherzinha, franzina, pelada como um rato recém-nascido. Parecia ter sido parida pelo monstro.

O ódio tomou conta de meu corpo quando, finalmente, entendi que o meu tão esperado marido, ao chegar, não me procurou, e sim àquela figurinha ridícula enroscada no chão, tremendo de medo. Meus olhos encontraram os dele no escuro por um instante, para nunca mais.

A manhã seguinte, esplendorosa, me encontrou no umbral da porta de minha casa — o peito estraçalhado de dor, olhando praquele pobre e fiel cachorro, morto e jogado no meu terreiro. O homem de quatro pés eu nunca mais vi.

# Boquiaberta

Quem não acredita em anjos?

Posso afirmar que eles existem, pois estamos cercados por eles e nem damos importância. Muitos não os percebem, pois essas criaturas celestiais estão disfarçadas de médicos, dentistas, cuidadores, enfermeiros e todos aqueles que se preocupam e se dedicam com muito amor e carinho a cuidar de seus quase semelhantes.

Esta manhã, fiquei boquiaberta diante de um desses seres, que se disfarça na figura de uma mulher delicada, de fala mansa, e cuida da gente como se passarinhos frágeis fôssemos. Trabalha com tanta dedicação e capricho que, a cada instante, para e observa o trabalho que está desempenhando como um pintor que em cada pincelada procura a perfeição. Me encanta a maneira como curva o rosto pra lá e pra cá para melhor obter um ângulo de observação, não deixar a mínima aresta em seu trabalho.

Nem dá para imaginar que estou falando de minha dentista, tal a aversão que a maioria tem por esses profissionais tão incompreendidos. Eu, não. Sei como dependemos deles para garantir nossa boa saúde.

Tive experiências com outros querubins que trataram de pessoas próximas, velhinhos impacientes e malcriados que, em troca, recebiam somente carinho e atenção: meu pai e minha sogra foram cuidados por gente da melhor qualidade que existe. Eles mesmos não se dão conta de quão importantes são, sempre mantendo uma atitude humilde diante daqueles que os contratam.

Voltando a falar da minha dentista, devo elucidar que ela só é assim boazinha quando maneja seus instrumentos de trabalho, aí incluído seu barulhento motorzinho, mas quando está em seu modo tenista vira uma diabinha, usa a raquete para pôr abaixo seus adversários com golpes certeiros; entretanto, quando não é feliz no resultado, se transmuta em uma *lady*, aceitando com graça a sua derrota.

Os médicos elegem dedicar sua vida completamente aos estudos, que levam à compreensão dos males que nos afligem, e a combatê-los tenazmente a fim de proporcionar bem-estar à humanidade. Não posso deixar aqui de lembrar o guru, amigo, médico e analista que é meu homeopata. Ele tem canais misteriosos de comunicação com o além e percebe, muito antes de seus pacientes, quais são os verdadeiros motivos — quase sempre de ordem psicológica — que andaram desordenando nossa harmonia e levando nossa saúde a descompassos indesejados.

Quero lembrar também daqueles que amam os animais e deles cuidam com dedicação. Esses, então, além de tudo, têm que adivinhar o que se passa com os bichinhos, uma vez que estes não se comunicam com nossa linguagem, somente com olhares que têm que ser traduzidos pelos anjos dos bichos, e ainda precisam lidar com seus ansiosos proprietários.

A todos vocês, da comunidade celestial, meu muito obrigada.

# De livros e chocolate

Todo fim de tarde era aquela ansiedade. Aquele homem meio truculento, que chegava às lágrimas com a facilidade de uma mocinha e se odiava por isso, traria em seu bolso um pedaço de felicidade. Tinha dificuldade em expressar seu amor e o fazia trazendo pequenos presentes, não caros, com certeza, mas que faziam com que minha mãe, minhas duas irmãs e eu nos deliciássemos.

De volta de seu trabalho na cidade, a caminho de casa, meu pai sempre passava em uma confeitaria para comprar chocolate — vê-se que um dos meus vícios foi iniciado por ele. O outro foi culpa de minha mãe, que desde cedo nos incentivou a ler e, em mim, encontrou terreno fértil.

Ainda me lembro como se fosse hoje o gosto do chocolate de uma antiga fábrica que já nem existe mais, a Sönksen, com trema mesmo. Eu não ia abrindo assim logo de cara; tinha todo um ritual para meu momento de prazer. Na hora de deitar, abria meu livro, começava a ler, e, devagarinho, ia abrindo também a embalagem do chocolate: enquanto saboreava o doce, saboreava também o livro.

Confesso que eram livros muito difíceis, principalmente para aquela idade tão pouca, mas eu adorava. Lia Dostoievski, Jorge Amado, Monteiro Lobato para crianças e adultos, mas o que me encantava era *O Ferreiro da Abadia*, de Ponson du Terrail. Hoje, nem sei se teria a paciência e a constância necessárias para ler uma daquelas obras.

Aqueles instantes tão prazerosos me marcaram tanto, que eu também quis contribuir com a satisfação de algum leitor ávido por um bom romance de férias, livre, leve e solto. Daí, escrevi o *Nuvem de Pó*. Vou contar um pouquinho dessa história.

De repente, o tema surgiu, e escrevi como quem não quer nada, só para guardar momentos incríveis que passei. Depois tomei gosto e fui aumentando o texto, criando e inventando, montando um enredo. Foram dias maravilhosos, vivendo aquela história que eu mesma ia criando. Cada capítulo era lido e relido, procurando as palavras que melhor demonstravam as emoções que eu queria passar e eram, praticamente, histórias completas e diferentes.

Depois de muitos e muitos anos, após a aposentadoria, terminei o livro e fui atrás de quem o publicasse. Logo encontrei uma grande editora de São Paulo, que se interessou mais ou menos, pois tive que bancar a edição. Fizeram uma edição boa e uma capa linda. Convidei os amigos e fizemos o lançamento do livro. Também foi um momento inesquecível ser reconhecida como escritora, ver que as pessoas valorizam muito essa classe tão sofrida.

A pior parte veio depois. Apesar de alertada, tinha a esperança de ver meu livro sendo divulgado e vendido: ledo engano, nada aconteceu. Ainda tentei fazer uma edição para lançá--lo como livro digital achando que, como era novidade, poderia ter mais chance. Outra decepção, afinal, não sou nenhuma BBB para ter notoriedade e possibilidade de divulgação do meu trabalho.

Mas não me queixo. Sempre recebo retorno sobre meu livro e as pessoas me estimulam a continuar escrevendo.

Àqueles que estão começando na carreira, desejo boa sorte, pois precisarão de muita. Mas mais importante do que o destino é a caminhada. Desfrutem-na.

## Meu super-herói

Meu super-herói não voa, não tem visão raio-X e nem força sobre-humana. Meu super-herói é um homem, simplesmente, e nem tem pinta de galã.

Meu super-herói não chegou num disco voador de outra galáxia, pelo contrário, nasceu por aqui mesmo em nosso planetinha azul, num país que nem é tão importante.

Nasceu pobre e sem recursos, mas em sua infância não havia cota pra nada, e nem gente fiscalizando se ele trabalhava enquanto adolescente. Portanto, foi à luta. Não tinha tempo de ficar bestando com outros desocupados, e sofreu discriminação como tantos que usaram esse argumento para enveredar por maus caminhos.

Todos sofremos de *bullying* na escola, uns porque eram gordos, negros, amarelos ou azuis, outros por serem muito altos ou baixos, outros ainda pelo cabelo crespo (pecado mortal nos anos 1960), alguns por terem dificuldade de aprendizado e por aí vai. Mas os fortes sobreviveram, como é na competição da vida, e meu herói, enquanto lutava com tantas dificuldades, se preparou, estudou como devem fazer todos aqueles que querem progredir, e decidiu que queria lutar pela justiça, como fazem todos os super-heróis.

Quis o destino que ele tivesse o mesmo nome de meu pai,

que também foi juiz e tampouco aceitava injustiças; e me legou esse cacoete de ser tão inflexível com o que é desonesto. Mas meu herói usa capa, e ainda por cima preta, e como se agiganta quando a enverga!

Ultimamente, anda lavando minha alma quando coloca todos os pingos nos is e mostra que há, sim, justiça em meu país, um pouco lenta para nosso gosto, mas há. Aos pouquinhos, meu herói vai desmascarando o exército de aloprados que andou pisoteando com suas botas sujas nossa mãe gentil. Lentamente, vai, apoiado por outros da liga da justiça, desmascarando aqueles que não mais poderão esconder suas faces corruptas atrás de nossa bandeira nacional.

Os uniformes não são camuflados, mas escondem ainda mais, com seus colarinhos brancos. Não o meu herói: ele não usa máscara, nem venda nos olhos.

Oro fervorosamente por boa saúde e vida longa do general que tudo arquitetou, junto a seu Maquiavel de plantão, e que já está sofrendo as consequências por suas atitudes; para que tenha a oportunidade de ver que os braços de meu herói são elásticos e hão de alcançá-lo, mais dia, menos dia. Peço também que esses mesmos braços não complacentes alcancem a sua prole, por mais rápido que corram em seus carros amarelos importados, ou mesmo escondidos em seus latifúndios distantes, tão condenados pelo pai, perdidos nos cafundós do país.

Peço ainda, mais fervorosamente, pela saúde de meu herói, que é de carne e osso; para que possa gozar por muitos anos a satisfação de ter cumprido seu dever, e que possa inspirar nossas futuras gerações com a beleza de sua coragem, a grandeza de sua alma e sua inquebrantável vontade. Sonho ver fileiras cerradas de outros cidadãos de bem, seguindo e finalmente se ombreando ao meu herói.

Compatriotas, temos a oportunidade de mostrar nossa indignação, dizendo um sonoro NÃO, como nunca antes, na história deste país.

Vamos mudar tudo isso que está aí.

## Dívida de amor

Ah, esses olhos profundos e inquisidores, um lago plácido ao cair da tarde. Uma leve brisa faz tremer sua cor de folha seca tombada na floresta.

Tanto querem exprimir e questionar, há tanto espaço para o conhecimento, mas ainda muitos anos serão necessários para que obtenha as respostas, apenas algumas poucas, pois não nos foi dado esse privilégio de obtê-las todas.

O que será que eles querem saber? Mostram profundo amor e dependência. Às vezes, sinto-me impotente, sem conseguir atingir a compreensão de suas mudas inquisições, mas o garotinho parece complacente com meus limites: aceita e deixa pra lá.

A boquinha, uma flor retirada dos jardins do Éden, veio parar aqui, logo abaixo do biquinho. Tão linda, mas dá ainda mais alegria quando se abre em gargalhadinhas, gorjeios de uirapuru.

Tantos anos precisei viver, tantas estações se passaram, problemas, vida agitada por querer fazer tudo, e conseguir, raivas felizmente passageiras, muitos amores com suas consequências e os desgastes inerentes, para, finalmente, atingir o privilégio de conhecer esse tipo de bem-querer.

Ele é meu amigo, gosta de mim e me respeita, um respeito conseguido através de carinho e atenção, tão diferente do tratamento que dispensei aos meus filhos, sem tempo, cansada, sonolenta, ansiosa pela vida que ainda teria pela frente com suas obrigações — mas os amei, e ainda amo demais, com o sentimento mais profundo que existe que é o amor de mãe, arrebatador, enorme, irracional, coisa de louco, sem explicação; e como brinde por tudo isso, ganhei um presente da vida.

Quando está em meus braços e sinto seu cheirinho, seu calor e a maciez de sua pele, sinto que estou no paraíso, e nem preciso sofrer para isso. Cada dedinho de sua mão gorduchinha já sabe a que veio, mas o cérebro ainda não, daí ser tão lindo ver o seu esforço para concatenar os movimentos até conseguir atingir um objetivo simples, como tirar a tampinha de uma garrafa.

Nas pontinhas dos pés, que são obras de arte do criador, tenta alcançar um objetivo tão inatingível como o interruptor de luz; sinceramente, não dá para aguentar, tenho que ir apertar só um pouquinho e ele, pacientemente, espera que passe meu arroubo para continuar sua labuta.

Tão bonitinho com suas roupas novas imitando o papai, mas nunca tão lindo como quando peladinho no banho, dando corridinhas e gargalhadas, aspergindo água em mim até que seja pacientemente convencido de que já é hora, as pernoquinhas roliças e rosadas tremendo e procurando equilíbrio na água com sabão.

Você! Ah! Seu menino! Anjinho, querubim de igreja barroca brincando no céu.

Devo ter acertado alguma coisa nesta vida para receber esse presente.

São sentimentos tão contraditórios: está crescendo bastante? Engordou esse mês? Tomara que sim. Ah! Mas poderia ficar assim pequeninho para sempre.

Meu guri. Jamais poderei retribuir toda a alegria que você me traz, mas viverei para tentar. Esta sua avó, enquanto viver, será sua devedora, e se possível for, depois de minha ida, ainda estarei te adorando do além.

# O Senhor dos Anéis

Achei muito apropriada a alcunha de "Senhor dos Anéis" dada ao nosso Rei Arthur Zenetti.

O rapazinho, de estatura baixa, assim como seu xará das lendas dos cavaleiros da Távola Redonda, foi a Londres e conquistou todos os súditos no reino de Elizabeth com sua competência, humildade e simpatia.

O ginasta é oriundo da pequena cidade de São Caetano do Sul, nos arredores de São Paulo, município que há poucos anos fez investimentos na área de esportes, tendo se destacado em várias modalidades, inclusive colocando seu time de futebol em destaque. Depois de pouco tempo foi agraciado e iluminado pelo ouro de um de seus filhos.

Não tenho informação sobre o volume de investimento feito em cima de nosso Arthur, mas, com certeza, psicologicamente ao menos, a autoestima de seus habitantes no tocante aos esportes foi às alturas, levando o garotinho, na época, a acreditar que também podia.

Hoje retornei ao tema das Olimpíadas, pois, vendo todos os atletas mostrando ao mundo que estamos muito próximos de nossos limites físicos, sendo cada vez mais complicado bater recordes — e quando se consegue é por uma diferença ínfima —, bem, o que nos resta?

Trabalhar o cérebro: psicológica e emocionalmente. Vê-se que algumas pessoas já nascem com aptidões físicas determinantes para o esporte que podem praticar, mas há exceções, como nos mostraram duas japonesas baixinhas lutando lado a lado com as gigantes e mostrando que sempre se pode sonhar.

Os africanos são soberanos nas pistas, seus semblantes deixando transparecer durante as provas a resignação de quem não tem outra saída; resta pouco espaço para europeus, asiáticos e americanos.

Nas piscinas reinam os brancos, especialmente os americanos, que mostram o orgulho de lutar pela pátria. As modalidades de ginástica são o domínio dos asiáticos e do leste europeu, gente acostumada a seguir regras rígidas e obedecer, a maioria tendo nascido sob regime não democrático.

Os esportes em que nós, brasileiros, somos mais fortes, de modo geral mostram nossa criatividade. Devemos nos aprofundar nessa temática e estimular essa característica, pois esse é nosso diferencial; mas o essencial é implantar na mente de nossos esportistas que somos capazes, merecemos ser vencedores. Ter coragem de ganhar: vi um ex-jogador de vôlei afirmar que alguns sabem jogar, mas não sabem vencer.

Temos uma população diversificada, com biótipos de todas as qualidades. Acredito que quatro anos são suficientes para prepararmos uma geração de campeões. Precisamos trabalhar duro para chegar às olimpíadas do Rio com um contingente de atletas em condições de competir com as outras nações em termos de igualdade.

Vamos lá, moçada! Bora trabalhar duro, para encher nossos corações de orgulho!

# Beleza e esporte

Vendo todos aqueles esportistas que participam das Olimpíadas, não podemos deixar de ficar imaginando o que se passa em suas cabeças quando estão tão concentrados, pouco antes das provas. Há alguns esportes nos quais estou certa de que durante a execução ninguém tem tempo de pensar em absolutamente nada, dada a velocidade em que ocorrem, haja vista a prova de corrida de cem metros rasos, ou uma piscina de cinquenta metros; mas seus rostos focados no objetivo pouco antes da largada nos fazem imaginar quantas e quantas horas de trabalho, dor e superação foram necessários para que cada um deles tivesse o privilégio de estar ali naquele instante.

Soube por um amigo que um autor japonês decidiu escrever um livro acerca de seus pensamentos durante as corridas que faz toda manhã, e tem recebido muitos retornos de outros atletas da mesma categoria, que dizem compartilhar dos mesmos assuntos: sua maneira de pensar é equivalente.

Eu, como tantos outros, antes de começar uma corrida sempre estou de má vontade, vou por pura obrigação, dou uma enroladinha no começo e muitas vezes começo caminhando por uns dez minutos; depois, quase que instintivamente, começo um trotezinho bem leve até sentir que a musculatura e as articulações já estão prontas. Durante todo esse tempo, vou reclamando com meus botões e pensando em como gostaria de estar em outro lugar, fazendo outra coisa; após uns vinte minutos, começo a esquecer o que estou fazendo e gradativamente vou me lembrando de todas as tarefas que tenho que desempenhar. Os pensamentos ainda chegam rascantes, com dificuldade, mas logo começo a solucionar os problemas mentalmente e tudo começa a parecer muito fácil. A gente começa a ver a paisagem e os outros atletas ao nosso redor; tudo vai entrando em foco e as cores ficam mais brilhantes.

Lembro-me de quando ainda estava no ramo de confecções e, durante o percurso da corrida, conseguia montar praticamente toda a coleção da estação; chegava ao vestiário parecendo uma doida à procura de um lápis para anotar tudo antes que se perdesse — uns rabiscos que somente eu entendia, mas que eram a base para um trabalho de muitos meses.

Mais para o fim do exercício, começamos a sentir o cansaço e uma necessidade urgente de olhar o relógio contando o tempo que falta; vamos colocando objetivos do tipo "passar alguém" ou "chegar a um determinado ponto" e daí, sim, desistir. Mas ao atingir o objetivo, quando ainda restam forças, propomos outros objetivos mais à frente e assim vamos chegando ao proposto inicialmente. Às vezes as forças não chegam para tanto e sucumbimos, na certeza de que fizemos o nosso melhor — isso nos consola.

Imagino que durante as competições de alto nível, tudo o que se passa na mente é relativo ao esporte que estão praticando. Nota-se também que o principal "músculo" utilizado é o cérebro: de nada valem todo o treinamento e esforço anterior se na hora exata a concentração é perdida, e foi exatamente o que vi acontecer com uma ginasta candidata à medalha de ouro que, ao cometer um erro, se desconcentrou e prosseguiu no exercício como uma amadora. Já a vencedora parecia estar mais descontraída, confiante, nos brindando com imagens magníficas de saltos impensáveis.

Louvo a todos os esportistas, que, por sua coragem, determinação e capacidade de trabalho, são nossos heróis modernos. Desejo sucesso e alegrias a todos eles.

Bem, agora que já dei aquela enroladinha que citei logo no início, vou tratar de me preparar para o exercício do dia.

# Metamorfose

Dá para acreditar? Como alguém pode ter medo de um bicho tão pequeno e indefeso como a barata? A interrogação vem do fato de este inseto ser uma das formas de vida mais antigas do planeta, portanto, nem tão indefeso; isso, apesar de ser caçado tão ferozmente por nós humanos. Eu, por exemplo, tive durante muitos anos pavor desse animal, daquele tipo de ter chilique, mesmo. Morria de vergonha e de raiva desse meu sentimento, que não conseguia esconder.

Não me lembro de ter tido esse medo durante a infância; começou num dia específico, tipo trauma, mesmo. Vou contar.

Estava bastante enfraquecida, saindo de uma doença que quase acabou comigo. Naquela época, tinha um namoradinho, e ele tinha acabado de descobrir que eu tinha ido a um lugar ao qual ele não queria que eu fosse. Estávamos na cozinha da casa de minha mãe e eu sentadinha num banco prestes a levar um sermão, aquilo estava me matando. Ele, muito alto, me olhava de cima com ares de desaprovação, e eu caladinha esperava a bronca.

Estava em plena adolescência, época na qual tudo toma volumes enormes. O silêncio estava insuportável, e por causa da fraqueza eu suava frio; foi quando senti em minha perna uma cócega. Instintivamente não liguei, pois pensava tratar-se do bigode do Squindô, cãozinho de minha irmã, mas com o rabo do olho vi o cachorrinho do outro lado da mesa, então, o que poderia ser? Comecei a balançar a perna, desesperadamente, aos gritos, pois já temia aquilo de que se tratava, mas nada, a cócega só fazia subir ainda mais pela minha perna, não tive dúvidas, arranquei ali mesmo as calças sem nenhum pudor, enquanto berrava a plenos pulmões.

Corri à toda para o banheiro, onde acabei de me despir rapidamente e entrei no chuveiro antes mesmo de esperar a água esquentar, sem levar em consideração o fato de que outra coisa que detesto é água fria. Esfreguei com a bucha, sistemática e desesperadamente, a perna por onde havia passeado a bichinha, até estar com a pele totalmente ferida.

Minha mãe e minhas irmãs me tiraram a muito custo do chuveiro, enquanto tentavam acalmar meu piti. Soube mais tarde por elas que o namorado, depois de matar o inseto, mandou me pedir desculpas, coitado: ficou impressionado com a cena. Hoje ele é um ator e diretor muito famoso, e deve ter usado o episódio como laboratório para cenas de loucura.

Pois bem, durante anos tive pavor de barata. Adquiri até um sexto sentido para perceber sua presença e, por incrível que pareça, e até que se alegue conta de mentiroso, por sete vezes tive contato físico com a asquerosa. Hoje acredito piamente que a gente atrai o que tem em mente, para o bem ou para o mal.

Foram uns dez anos de tortura, que só terminaram quando um sentimento infinitamente maior me obrigou a enfrentar o que eu mais temia. Eu amamentava minha primeira filha e estava sozinha em meu quarto, quando, por tanto pensar no que faria se ali entrasse o inseto, finalmente, sub-reptícia como só ela pode ser, uma barata entrou se esgueirando quarto adentro. Eu não podia estar com meu bebezinho no mesmo ambiente que aquela nojenta, já podia vê-la subindo na linda manta de crochê que eu tinha tecido com tanto carinho.

O instinto materno falou mais alto. Levantei-me, e com uma pisada certeira eliminei o bicho, que me perdoem os ecochatos. Eliminei também de minha vida o medo e o trauma. Nunca mais senti aquelas perninhas pegajosas em meu corpo.

# Uma solução engenhosa

O dom de saber apreciar a capacidade, onde quer que ela este-ja, é algo difícil de se encontrar. Muitas vezes procuramos alter-nativas mirabolantes para elucidar problemas de fácil solução: é o famoso tiro de canhão para matar pernilongo. Vou dar um exemplo do qual tomei conhecimento há pouco.

Havia uma multinacional de grande porte, daquelas que fabricam "de um tudo", como diria o pessoal lá de Minas. Muito bem, uma das fábricas produzia pasta de dentes, isso foi há mui-tos anos, e estava com um problema que persistia: de quando em quando soltava no mercado uma caixinha sem o produto den-tro. A razão era desconhecida, e embora ainda não tivéssemos àquela época nenhum órgão que defendesse os consumidores, e a concorrência fosse insignificante, a empresa decidiu solucio-nar o problema contratando dois engenheiros, já que as queixas eram constantes.

Os dois técnicos trabalharam por dois meses e gastaram uma fortuna, mas, finalmente, surgiram com uma engenhoca, uma grande máquina que tinha em seu bojo uma balança de alta precisão e que detectava o peso inadequado da caixa vazia. Nes-se instante era acionado um mecanismo, que movia uma alavan-ca, que empurrava para fora da esteira de produção o produto defeituoso.

Muito bem, as reclamações cessaram, e por meses tudo voltou à normalidade. Foi quando, por ocasião da época de manutenção da máquina, surgiram os dois engenheiros acompanhados dos diretores da fábrica. Ao chegar, observaram que a máquina estava desligada e a esteira correndo normalmente. O supervisor foi indagado do motivo de tal desligamento, e meio sem jeito explicou que a máquina já estava desligada havia dois meses.

Como explicar então o saneamento do problema? O que ocorrera? O operário explicou que a máquina era de difícil funcionamento e estava constantemente emperrando, então os próprios funcionários confabularam e fizeram uma "vaquinha", arrecadando o suficiente para comprar um ventilador potente. Este ficava ao lado da esteira e toda vez que passava uma caixinha leve, era defenestrada imediatamente.

Com certeza, na ocasião em que constataram o problema junto ao mercado, ninguém foi às pessoas que lidavam no dia a dia com a produção. Teriam com certeza economizado muito, e perdido menos tempo.

Vejo muito disso em nossa fazenda no interiorzão de Minas. Dada a distância e dificuldades de acesso, o capataz, os peões e a caseira têm que decidir o que fazer e como utilizar o material ali disponível para consertar carros, tratores, máquinas de processamento etc. Fico fascinada, pois gosto muito de mecânica. As soluções são simplistas, pois não poderia ser de outro modo, mas o efeito é incrível.

Vamos aqui entrar com um pouco de autoajuda. Em nossas vidas, topamos sistematicamente com pessoas que nos trazem problemas pessoais de ordem psicológica que, para elas, são monstruosos, mas para nós parecem muito fáceis de resolver, já que estamos afastados de tudo o que fez com que aquele indivíduo chegasse àquele ponto. Muitos estão em tratamento por anos, e, às vezes, uma palavra ou frase soluciona tudo. Já ocorreu comigo, e uma simples sessão de acupuntura resolveu o problema que me afligia havia muito tempo.

É sempre bom deixar o coração e a mente abertos a soluções alternativas.

# Sexta-feira treze

Hoje é sexta-feira treze, mas não vou cair na tentação de escrever sobre maus agouros, nem gatos pretos sendo maltratados, nem bruxas fazendo suas convenções anuais. Acredito que milhares de matérias conterão esse tema.

Quero falar sobre o café da manhã, uma de minhas refeições favoritas. As outras são almoço, jantar e lanchinhos, todos sabem que sou um bom garfo. Gosto muito de acordar sem compromissos nem horários; fico esperando até que uma força sobre-humana me jogue, literalmente, para fora da cama.

O café da manhã está sempre me esperando, servido na mesa da copa com meu jornal na cadeira do lado, aguardando para jogar para cima de mim todas as torpezas de nossa política, todas as bobagens sobre a vida dos outros, especialmente artistas, e que em nada me interessam; e vou seguindo até achar um bom artigo, e, principalmente, algumas crônicas saborosas, que degusto juntamente com o mamão com granola feita em casa.

No caderno de esportes, fico sabendo tudo sobre o mundo futebolístico e suas maracutaias; sobra muito pouco espaço para os outros esportes. Os jornais, como já salientei em outro artigo qualquer, além de venderem e auferirem lucros deveriam ter também a função de orientar e educar o leitor. Vejam que nem estou falando de ciência, literatura e questões mais elevadas; falo aqui de esportes, que é um tema que circula por todas as classes e tem trânsito razoavelmente permeável.

O café tem um aroma convidativo, aliás, o aroma é até muito melhor do que o sabor, me lembra muito as comidas nos Estados Unidos: somos atraídos por um cheiro irresistível, mas ao saborearmos o alimento percebemos que compramos gato por lebre. Misturado com um pouquinho de leite, nos remete à infância, e quase mergulhamos o pão nessa mistura, para que a recordação seja ainda mais vívida.

Controlado esse primeiro impulso, de dentro da cestinha forrada com um guardanapo de renda sai o reizinho do desjejum, um pãozinho de padaria ainda quentinho. O ruído, ao ser partido, também nos traz muita satisfação. Só com um pouco de manteiga já seria demais, mas, vamos exagerar, uma boa fatia de queijo branco feito pela caseira da fazenda — se este faltar vamos nos conformar com uma de parmesão, mesmo. Com certeza ainda restou um pouco daquela geleia de jabuticaba do jardim, não vamos deixar estragar. A mistura fica sensacional.

Me distraio um pouco com o canto dos passarinhos, pois é, pasmem, São Paulo tem passarinhos... e retorno ao jornal. Acho que tenho que ter esse contraponto na minha manhã: coisas boas e coisas ruins.

Infelizmente, já sinto que tenho que ir terminando essa parte tão saborosa de meu dia, no mínimo preciso sair e ir praticar algum esporte, mas ainda tem a parte do jornal que é a sobremesa: as tirinhas, as palavras cruzadas e o sudoku. Afinal, temos que pensar também no exercício do cérebro.

A porta está aberta, e com um susto vejo a gatinha Samantha pular em meu colo. A danadinha vem em busca de carinho e, se eu bobear, de uns restos de queijo também. Ela é cinza e muito lindinha. Tenho certeza de que só me deseja o bem; na verdade, sou para ela apenas uma agente de delícias, portanto tenho que estar em forma para cuidar dela.

Saio nesta sexta-feira treze com a certeza de que terei um dia maravilhoso.

# CORINTHIANS: SÓ ALEGRIA

Como prometi aos leitores, hoje escreverei uma crônica alto astral. Só não esperava que o tema me caísse das nuvens.

Como diz uma faxineira meio doidinha lá do clube: É só alegria!!

Essa senhora, muito baixinha e gorducha, tinge os cabelos de um vermelho flamejante, os lábios estão sempre muito pintados de batom rubro, ruge nas faces (não é blush) e olhos também maquiados. Quanto à indumentária, acho que ela é meio tolhida, coitada, pois tem que usar uniforme de trabalho: calças e blusão de brim azul-marinho. Para compensar, capricha sempre nuns complementos, como lencinhos no pescoço ou ainda qualquer coisa estranha na cabeça.

Pois é, essa pessoinha tão simples está sempre com um sorriso no rosto. Procura puxar conversa com todos, trazendo sempre palavras de encorajamento e estímulo. Num desses papos, me confessou que apesar de bem entrada em anos ainda é virgem, e não pretende sair dessa condição, da qual tanto se orgulha.

Bem, depois desse preâmbulo todo, vamos ao tema desta minha prosa de hoje. É um tema meio recorrente, já que adoro esportes, tendo agora mesmo feito uma corridinha de quarenta deliciosos minutos seguida de caminhada de mais vinte, por lugares muito aprazíveis.

Há algumas semanas escrevi sobre um jogador, meio molequinho ainda, mas adorável de se ver jogar futebol. Ele faz parte do quadro de um time para o qual eu não torço, salvo exceções do tipo "agradar filho e marido".

Pertenço à torcida mais fiel e animada do mundo: sou da nação corinthiana, gambá convicta desde o nascimento, faço parte desse bando de loucos, feliz, na maior parte do tempo. Não sou fanática, e quando outro time está representando meu país, torço para ele.

Hoje amanheci com o coração mais leve: meu timão ganhou a única taça que ainda não tinha. Foi de cabo a rabo: invicto! E ainda ganhou em cima de um dos times mais temidos do mundo, um time de argentinos tenazes e garrudos, mas nada disso adiantou.

Nossos meninos estavam enfeitiçados numa harmonia de cardume; tinham a percepção de tudo ao seu redor, e enquanto isso, a torcida, que é o bem maior, o grande patrimônio do clube, fazia uma festa à parte nas arquibancadas e na geral.

Foi dia de festa em São Paulo. Pena que eu não estava lá para participar, mas daqui de minha varanda, via os milhares de fogos de artifício pelo dia da independência americana e dediquei cada um deles ao meu timão.

Acompanhei o jogo pelas redes de compartilhamento e sites de esportes, os comentários de corinthianos e dos outros, alguns generosos, parabenizando, e outros ranzinzas, querendo sobrepujar nosso feito, dizendo que o time deles já isso e aquilo...

Não importa. O dia foi nosso, a alegria é nossa e ninguém tasca. Vão lamber suas feridas longe de nós.

VIVA O CORINTHIANS!!

# Mulheres de aço, coração de açúcar

Às vezes, parece que a gente vai sucumbir, tanto é o desalento ao nos depararmos com tanto escárnio com nossa gente, fotos ecologicamente incorretas mostrando que em nome da política, aceita-se tudo: inimigos mortais a quem se humilhou, xingou, ofendeu, no vale-tudo das eleições são visitados, e se aceita ser fotografado trocando afagos.

O pior é que o ofendido, se é que tem essa capacidade, parece nutrir por seu ofensor uma amizade de infância. Tudo isso me enoja. Fica difícil dizer quem é mais pernicioso, o que não sabe de nada ou aquele sabe-tudo.

Quando esse estupor invade nosso peito, parece que nada dos valores que carregamos é válido, e tudo é válido. Quando vemos que as pessoas encarregadas de nossa segurança estão contaminadas pelo vírus da ganância, quando vemos que nossos juízes estão tão conspurcados que não têm moral para julgar ninguém e nossos doutos advogados aceitam por dinheiro representar os piores facínoras; engenheiros rasgando seus diplomas para lucrar em compras de materiais inferiores aos adequados; médicos jogando por terra seu juramento de Hipócrates aceitando fazer cirurgias no lugar de parto natural para ganhar tempo e dinheiro; economistas alterando deliberadamente dados estatísticos para enganar o cidadão; e por aí vai... Enquanto houver a raça humana, tudo será assim.

Felizmente, existe a contrapartida. Conheço muitas pessoas de bem, guerreiros da paz e harmonia, gente que usa seu tempo e conhecimento em benefício de outros, na maioria das vezes desconhecidos: são os voluntários e voluntárias da associação a que pertenço, homens e mulheres que a dirigem cedendo seu tempo e conhecimento para manter e melhorar o maior clube da América Latina, o Pinheiros.

Mas hoje quero destacar um grupo específico no meio desse batalhão de abnegados. São as voluntárias do DAS — Departamento de Assistência Social. Durante todo o ano se reúnem para confeccionar trabalhos divinos, feitos com muito carinho, que são doados ou vendidos nos bazares com renda destinada a ajudar os funcionários de renda mais baixa.

É lindo ver o salão cheio de cabecinhas, na sua maioria brancas. Elas vêm felizes e com muita pertinácia, muitas com bengalas e dificuldades de locomoção, o que não as impede de chegar, com muito sacrifício. O alarido às vezes é muito grande, as conversas são muitas, mas as mãos de fada continuam sem trégua.

Pois bem, o maior bazar é o da festa junina, e elas se revezaram durante quatro dias na venda das mercadorias que produziram. Algumas ficavam sentadinhas aguardando os fregueses, mas quando estes chegavam, armavam um sorriso e os recebiam de pé. Há uma que, com mais de noventa anos, permaneceu por quatro dias sem esmorecer em um dos estandes. Eu disse a todas as outras que não me falassem sobre cansaço, enquanto aquela ainda estivesse de pé. Algumas ainda desfilaram, apresentando suas próprias obras.

Meus mais profundos agradecimentos a essas mulheres de aço e coração de açúcar. Agradeço por me darem esperança na humanidade.

# Desespero

**N**ão! Não acorde! Você acabou de adormecer. Mantenha os olhos bem cerrados que o sono volta.

Não! Lá vem ela novamente. Sabia que não desistiria assim tão fácil. Enquanto não dilacerasse meu peito com suas garras, estraçalhasse em frangalhos todos os meus pensamentos, essa coisa, essa dor não iria me deixar.

Não! Pense rápido em qualquer coisa bela. Foram tantos momentos, tantos lugares, tantos amigos. Faça a mente transbordar com qualquer de suas viagens maravilhosas, qualquer paisagem deslumbrante das centenas que você já viu. Lembre--se de todas as companhias interessantes, todas as conversas, das gargalhadas, de qualquer refeição diferente e deliciosa das muitas que você já saboreou, acompanhadas de vinhos e bebidas exóticas. Rememore uma que seja das comemorações de seus aniversários, da infância, dos natais, de anos novos.

Festas de casamentos foram tantas… Formaturas? Dezenas. Ou até reuniões para almoço nos fins de semana com a família, pitorescas, as brincadeiras com os cachorros — tão leais, comprometidos com seu amor.

Não! Reaja! Lute! Rememore todas as alegrias da vida de estudante. Recorde os muitos sucessos na vida profissional. Tantas vitórias aqui e no exterior, quantos reconhecimentos…

A beleza decantada por tantos, tantos amores, tantas certezas. Onde estará tudo isso?

Você está quase sucumbindo, combata mais. Seja valente. Outra ideia. Que tal relembrar os treinamentos, as corridas em tantas cidades, praias deslumbrantes, campos de flores de todos os matizes? Quanta superação, machucados curados à custa de muita determinação e sofrimento, mas um sofrimento com objetivo. Onde está essa pessoa? Cadê aquela força? O queixo erguido de orgulho? Para onde foi?

É hoje somente este ser alquebrado, sem vontade, jogado de canto em canto desse quarto escuro onde você se encontra. Mentalize a luz, tantos dias de sol, o brilho da neve, o luar refletido nos milhares de ondas que você já viu e montou. A adrenalina do salto para um fundo longínquo. Você foi valente naquela hora. O pedido, a festa de casamento, seu amor tão presente, tão interessante, tão tudo o que você sempre desejou.

Por que tudo isso deixa você ainda mais triste? Que capacidade tem esse mal, de reverter todas as suas alegrias em frustração? O vislumbre de que tudo isso já foi? Nunca mais será? Tudo de melhor ficou no passado?

Não sucumba agora. Pense seu pensamento mais lindo e sonhe com ele. Será que a vida te trará uma felicidade que ainda não conheceu? Alguma alegria inimaginável? Motivos de sobra para se refazer, se recriar, se reinventar?

Acredite que sim, pois caso contrario, só restará amargura, o desespero e o vazio, e como lidar com isso? Impossível. Você sabe muito bem aonde isso vai te levar: a escapadelas paliativas e químicas que ainda desconhece... Não, você sabe que não.

Durma com os anjos! Lembrou?

Durma com os anjos! Alento. Modorra. Calor. Claro, morno.

Sim! É o sono que chega. Se entregue.

Fui.

# Americanos

Sempre me pergunto o que faz o gênero humano se colocar em certas situações de total ridículo.

Gosto de assistir aos programas de moda, especialmente aqueles que ensinam às pessoas que tipo de roupa é mais adequado ao seu tipo físico, pois tendo trabalhado no segmento por muitos anos pude constatar a diferença que as escolhas corretas fazem no visual das pessoas e, de lambuja, no psicológico também, pois quem não gosta de se ver bem e ser elogiado por seus pares?

Meu livro *Nuvem de Pó* trata de maneira mística esse mesmo assunto, afinal quem não ergue mais o queixo sabendo que está bem? Tá certo que existem pessoas que não têm noção das coisas, sem levar em conta fatores como altura, peso e local onde a roupa será usada e, principalmente, a idade, mas voltando aos programas, constato que há alguns que ridicularizam o convidado mostrando filmes que foram feitos sem seu consentimento e jogando no lixo suas roupas, muitas delas de valor afetivo.

Acho que nunca encontrarei respostas para as coisas estranhas que nós homens e mulheres fazemos, muitas vezes extremamente perigosas, inclusive colocando em risco nossa integridade física, nossa própria vida, e às vezes também colocando à beira do desastre a nossa integridade psicológica.

As pessoas podem sempre surpreender. Pois bem, vou contar sobre um filme que recebi por email e que não dizia do que se tratava, vindo de uma amiga que sempre me envia coisas interessantes. Portanto, abri. Em princípio, parecia um daqueles concursos americanos de calouros, aliás, há alguns maravilhosos, onde são revelados cantores talentosos, mas esse que recebi me deixou estarrecida pela falta de vergonha com que algumas pessoas expõem seus mais profundos segredos, de repente, diante de uma câmera.

O concurso era para escolher o homem de menor pênis. Havia uma fila de jovens, na maioria até a faixa de uns quarenta anos, todos nus; um a um, tomavam a frente para serem ridicularizados pelo júri, composto de dois homens e uma mulher.

Os jurados sempre faziam algum comentário sarcástico sobre a aparência do pequeno apêndice de cada um, e os concorrentes contestavam, contando cada um a sua história. Alguns já tinham nascido assim, outros haviam sofrido acidentes perdendo parte do membro.

Todas as histórias eram ouvidas com palavras de escárnio pelos jurados. Eu, do lado de cá da tela, fiquei morrendo de pena daquelas pessoas, e me indagava: *por quê??* O que obrigou essas pessoas a irem a esse lugar para serem submetidas a tal vexame?

Os americanos são uma incógnita para mim: na maioria das vezes, criam maravilhas, mas em outras, bem mais raras, inventam absurdos e bobagens do tipo campeonato de cuspe à distancia, salto de sapo e por aí vai.

*Anyway, I love them.*

# FOTOGRAFIAS

Há uns poucos meses resolvi fazer um curso de photoshop — para quem ainda não sabe, um recurso do computador para editar imagens. Fiquei encantada com o processo, pois apesar de se ver todos os dias esse artifício sendo empregado para transformar pessoas normais — com rugas, gorduras e tudo o mais que é indesejado — em deuses e deusas da beleza, ele também recupera fotos antigas amareladas e manchadas, com pouca nitidez etc.

Adoro fotos antigas. Elas me remetem a um passado desconhecido, principalmente se são de familiares, ancestrais ou mesmo paisagens que já não existem mais. Pois bem, sempre que me perguntam o que eu gostaria de receber de algum parente que esteja se desvencilhando de coisas indesejadas, corro para as fotos. Tenho em casa, por exemplo, um álbum do bisavô de meu marido.

Aprendi a escanear e processar as imagens no tal aplicativo. Aos poucos, objetos indecifráveis tomavam forma, revelando figuras interessantíssimas compondo arranjos de algum estúdio da época que estimo há mais de cem anos. Até uma foto revelada em prata tem, nesse famoso álbum. Pode-se recortar as imagens e trabalhar separadamente em camadas. O mais difícil é juntá-las depois.

Até descobri que a pessoa escondida numa sombra era

eu mesma, depois de magicamente ordenar ao computador que ele clareasse o escuro. Quantas fotos não precisariam mais ser rasgadas para se eliminar algum malquisto que se imiscuiu nelas... Amores que se acabaram e outros que começaram? Fácil: só recorte a cabeça do indesejado e a substitua pelo querido do momento. Odeia aquela blusa laranja que não combina com seu tom de pele? Tranquilo: é só circunscrever a danada e mandar trocar de cor. A criança rasgou metade do rosto da sua professora favorita? Moleza: copie a metade que está boa, mande fazer o efeito espelho e cole na metade faltante.

Fica meio esquisito, uma vez que ninguém é igual dos dois lados. Aliás, é um exercício interessante. Pegue uma foto de frente, divida no meio e duplique cada uma das partes. Você juraria que são pessoas diferentes, melhor, três figuras diferentes: a foto original e mais duas, uma de cada lado do rosto duplicado.

Sabe aquela onde a parede é de lambril, horrorosa, que não combina com nada? Também pode ser substituída por um fundo em dégradé, ou craquelê, ou... ah! deixa pra lá.

Depois de tudo isso, quando já estiver craque e tiver arranjado uma desculpa decente para aprender a usar o tal recurso, aí, sim, pegue o bastãozinho mágico e comece a milagrosamente tirar as rugas, pegue o recurso carimbo e copie uma parte sem mancha — se ainda conseguir achar alguma — e carimbe em cima da escura. Tem outro truque que puxa e estica, e os volumes abdominais de poses impensadas vão pro espaço.

Isso não quer dizer que você pode ficar sentado no sofá assistindo à sessão da tarde e comendo chocolate, pois a ilusão acaba no "ao vivo e em cores".

# Moleque abusado

Eu até que estava tentando, mas meus olhos não conseguiam acompanhar aquele azougue ricocheteando nos quatro cantos da tela da minha TV. Mesmo em câmera lenta, estava difícil.

Nem era meu time jogando, mas assim como outros milhões de brasileiros eu estava enfeitiçada por aquele moleque abusado. Ele não sabe que não é possível dentro das leis da física executar tais movimentos, portanto, vai fazendo, como se possível fosse.

Fico pensando que ele imagina, com um risinho disfarçado, como é possível que alguém ainda lhe pague para que ele venha brincar nos mais importantes gramados do país e de outras nações mundo afora. O que ele está fazendo ali é molecagem pura, combinada com uma agilidade impensável e uma inteligência nata.

Quando a bola está por perto, existe entre os dois uma sincronia e uma cumplicidade de amantes ardorosos. Eles se pertencem, bailam juntos por alguns instantes e depois se distanciam, para logo em seguida se encontrarem novamente num *pas-de-deux* harmônico. O caminho do gol já está marcado, indelevelmente, na cabeça do rapazinho, e como magnetos se atraem irresistivelmente.

Os narradores também parecem fascinados; e apesar de

tantos e tantos jogos já assistidos, ficam desconcertados, procurando adjetivos capazes de traduzir o que estão vendo.

Quando os deuses do futebol se uniram para criar esse superjogador, pariram um galinho da campina com perninhas tortas de sabiá calçando chuteiras vermelhas, um sorriso cativante e um carisma imenso. Colocaram em seus ombros o famoso manto de impenetrabilidade que haviam emprestado a Hércules, para sempre evitar um confronto direto com seus adversários — enfurecidos e inconformados—, ou que venha a se ferir com aqueles malabarismos impensáveis no ar, que ignoram a lei da gravidade.

Todos os seus colegas parecem ter por ele grande amizade, e a admiração de quem entende como essa arte é difícil.

Eu, que sou muito patriota, fico orgulhosa por ele ter nascido no Brasil. Espero que a inteligência do atrevido não se restrinja somente ao jogo, e que ele seja igualmente sábio para perceber que, sozinho, pode modificar a vida de muitos garotos e garotas, ao lhes legar, como seu ídolo, valores de moral que estão meio difíceis de se encontrar por aqui. O fato de estar sempre cercado pela família já é um lenitivo.

Vai, menino atrevido, moleque abusado, buscar a glória que você tanto merece. Mas mantenha sempre esse jeitão desengonçado e ao mesmo tempo tão elegante, esse sorriso fácil, essas brincadeiras de comemorar o gol. Mantenha esse garotinho feliz dentro de seu coração pelo resto de sua vida. Vai, menino atrevido, moleque abusado, que a gente vai com você, te seguindo pelos caminhos da felicidade e da alegria.

Nós todos, os brasileiros, te abençoamos.

# INDIFERENÇA

*A mente que se abre a uma nova ideia jamais voltará ao seu tamanho original.*

Albert Einstein

É impressionante como podemos passar às vezes a vida inteira com determinadas certezas que se mostram, em algum ponto de nossa existência, absolutamente errôneas. Foi o que se deu comigo em relação aos gatos.

Quando muito pequena, ganhei um gatinho branco muito lindinho, mas que se revelou em incrível criadouro de pulgas. Eu estava encantada com o bichaninho e tinha convicção de que ninguém neste mundo poderia deixar de gostar do bichinho. Foi quando chegou minha mãe:

— Olha, mamãe, o que ganhamos — eu já estava dividindo o presente para não correr o risco de ser chamada de egoísta, de ser acusada de querer ficar com aquela belezinha só para mim.

— Onde você arranjou isso?

— Foi o moço que mora aí na casa ao lado que me deu. A mãe dele ganhou muitos filhinhos e não pode ficar com todos, então ele quer dar para a gente.

Até aquele instante eu estava com o gatinho no colo e mamãe ainda não tinha se aproximado; mas foi aí que ela chegou mais perto e pode observar todos aqueles pontinhos escuros se movendo freneticamente pela pelagem branquinha no animal. Correu, pegou uma caixa de sapatos e mandou que eu colocasse o pobrezinho lá. Pela cara meio desesperada que ela fez, achei melhor obedecer e questionar depois.

— Mas, mamãe, coitadinho, ele vai ficar com frio.

— Você leve imediatamente esse bicho imundo para o lugar de onde ele veio, aliás vou mandar a Amélia levar. Você pode ir já tomar um banho para se limpar um pouco. Espero que não tenha pegado nenhuma doença.

Comecei a sentir aquele calor no rosto que parece que vai explodir, e as lágrimas vieram aos borbotões. Quando Amélia esticou os braços para pegar a caixa de sapatos, senti que era como se alguém estivesse me arrancando as entranhas: é incrível como as crianças e adolescentes sentem tudo com muito mais intensidade do que nós, adultos, e parece que quanto mais vivemos menos nos afetam os dissabores, as desilusões. Entretanto, acho que aumenta a capacidade de amar, aquele amor paciente e tranquilo.

Resumindo a história do gatinho: nunca mais o vi. E sobrevivi, ao contrário do que pensam muitos quando não querem contrariar nenhuma vontadezinha dos filhotes. Aprendi a lidar com isso e nunca mais quis saber de gatos, que, com o passar dos anos, comecei a considerar falsos, sorrateiros, não amorosos. Até que um dia...

Bem, minha filha adora todos os animais, e dentre cobras e lagartos —literalmente — resolveu trazer uma gatinha que adotou nos Estados Unidos. Quando ela ainda estava lá, eu já ficava meio de longe, com medo de levar uma unhada ou coisa parecida. Mas acabei me encantando.

Não se pode esperar arroubos de alegria quando se chega em casa, nem rabinhos abanando, somente um arzinho blasé quando ela vem me receber no alto da escada como se estivesse passando ali por acaso, mas a gente sabe muito bem que ela pressente nossa chegada muito antes do barulho do carro entrando na garagem. O máximo que ela faz é permitir que façamos carinhos em suas costas, e agora que está à vontade, até a barriguinha rosa ela expõe para que passemos os dedos por ela.

Moral da história: precisamos manter nossas mentes abertas e aceitar novos desafios. Saber que não somos donos da verdade.

# A ESCOLHA

Há alguns dias fizemos a abertura de um bazar que conglomerava 113 ONGs. Proferi algumas palavras que peço licença para transcrever aqui:

> Muitos não compreendem e nos questionam o que nos leva a sair do conforto de nossos lares, abrir mão de horas de lazer e até do trabalho, desprezando ganhos econômicos e financeiros em benefício de pessoas que às vezes nem conhecemos, associações, comunidades etc., às vezes abrindo mão até do que nos é mais caro, que é a companhia da família, amigos e até da saúde.
>
> Para quem pergunta, é difícil explicar, pois não vieram com essa marca no DNA. Essa força que nos compele tem vários nomes: cidadania, patriotismo, amor ao próximo.
>
> É muito bom estar em companhia de nossos pares, pois somente nós sabemos por que o fazemos sem necessidade de explicações. A sociedade não teria estrutura, caso faltasse gente abnegada fazendo o trabalho que muitas vezes seria obrigação dos governos, mas, como eu sempre respondo: alguém tem que fazer. Entretanto, os benefícios que temos em retorno são tantos, em matéria de agradecimento, de carinho, de sorriso, de abraço, de palavras de incentivo e, principalmente, um acalento na alma que nos ilumina os dias, que o trabalho até nem parece sacrifício.

Mais difícil ainda é justificar o trabalho de síndicos de prédios, dirigentes de clubes associativos que não visam lucros. A explicação é a mesma, só que nesses casos os beneméritos têm como benefício participar e frequentar esses lugares pelos quais tanto zelam. Vejo no meu clube, com as eleições que se avizinham, tantas pessoas ávidas por vencê-las, cada qual achando que pode trabalhar ainda melhor pela associação. Todos, ou pelo menos a grande maioria, são muito bem-intencionados, lutando com as armas que têm: alguns apresentando resultados positivos de suas gestões anteriores, outros usando de armas menos nobres.

Do outro lado estão aqueles que escolhem por algum motivo não participar da gestão, ou melhor, ficar do outro lado da urna, que aliás nem é mais urna, e sim um computador, mas mesmo assim participando ativamente no processo; e outros ainda que nem saem de casa para cumprir seu papel exercendo a cidadania, mas que, geralmente, são os que mais criticam, e geralmente pensam que o mundo gira em torno de seus umbigos, buscando soluções para seus próprios problemas e esquecendo que a comunidade tem que ser gerida para a maioria.

A escolha é realmente muito difícil, pois os candidatos apresentam argumentos antagônicos e o eleitor fica desorientado. Meu conselho é que se baseiem em fatos concretos e palpáveis, pois são incontestes. Palavras vão ao vento.

Desejo a todos muito boa sorte e espero que vençam os melhores.

# Dentre as manias que eu tenho...

Há muitos e muitos anos havia, quer dizer, ainda há, mas não se escuta mais, uma música que falava de manias. Convenhamos: todos temos as nossas. Na maioria das vezes não passa de um cacoete que se pode controlar. Mas quando se torna obsessão, é doença, aliás, das graves, e tem que ser tratada para que a pessoa consiga ter uma qualidade de vida suportável.

Lembro-me de um filme com o excelente ator Jack Nicholson em que o personagem tinha esse transtorno, mas o tema é tratado de forma amena, já que é uma comédia. Num momento delicioso da trama, vê-se o cachorrinho que se apegou a ele com os mesmos problemas de TOC — Transtorno Obsessivo Compulsivo — que seu dono.

Decidi tratar deste assunto a partir de um texto sobre as manias que grandes escritores tinham para escrever. Para poupar os historiadores, daqui a muitos anos, de pesquisar sobre as minhas, resolvi facilitar e já contar tudo de uma vez.

Quando escrevo minhas crônicas sempre deixo para a última hora, contando com a adrenalina que a pressão me traz. Tenho a mania também de escrever tudo de uma vez sem corrigir nada nem olhar o texto, somente quando acabo é que corrijo os erros de digitação, gramática e pontuação e depois mando para a minha editora que passa tudo a limpo. O interessante é que quando leio o texto parece que não fui eu que escrevi, daí vou me acostumando com ele e o reconheço. Às vezes gosto, outras não, assim como você, meu caro leitor, mas na vida tudo é assim mesmo: tem dia que flui, tem dia em que o tema calha com o assunto que você gosta. Alguns sempre deixam algumas linhas comentando ou elogiando, outros dizem na lata que não gostaram, e outros, ainda, só comentam pessoalmente.

Na música que mencionei, o autor diz que guarda fósforo riscado de volta na caixinha. Uma das manias que eu tenho é dobrar muito bem os papéis de balas, chocolates, e biscoitos e depois fazer um lacinho antes de jogar fora; outra é acertar bem na beiradinha da mesa a toalha do jogo americano, assim como o copo, que é quadrado. Antes de dormir, sempre tenho que ler ao menos um pouquinho. Quando era menina, voltava da escola a pé e evitava pisar nas juntas dos ladrilhos e até mesmo nas rachaduras do cimento, exatamente como faziam o personagem problemático do filme e seu cachorrinho. Outra mania que a música cita é a de falar mal, mas esse é o esporte nacional, nem pode ser considerado esquisitice.

Numa rápida pesquisa que fiz, constatei que a maior mania dos homens é olhar o traseiro das mulheres. Uma vez vi uma cena impagável: estava dentro do carro esperando alguém e vi um grupo de uns cinco senhorzinhos, bem entrados em anos, daqueles que usam boinas na porta de uma casa, quando veio passando uma daquelas mulatas que deixam qualquer um de queixo caído, e eles foram acompanhando o gingado da menina. Quando ela passou, eles, que já não tinham mais uma grande mobilidade no pescoço, foram se movendo em pequenos e trêmulos passos até conseguirem ficar em posição de observar o *derrière* da gostosa. Fiquei pensando cá com meu zíper: *a onça perde o pelo, mas não perde as manchas.*

Sei que muitas vezes nos achamos estranhos e nem comentamos sobre essas maluquices com os outros, achando que nos considerariam loucos, mas quando vemos que grandes gênios tinham esses mesmos problemas, nos reconfortamos, pois estamos em muito boa companhia. Vejam o exemplo de grandes tenistas como o Nadal, que confere a cueca a cada saque; o Andy Roddick, então, tem um ritual enorme antes de sacar. Jogadores de futebol cospem o tempo todo.

Para ver as estranhezas de grandes personagens, entrem no meu site priscilaferraz.com.br; confiram, e se tiverem coragem, podem postar ali suas próprias manias. Acho que será muito interessante, pois estou certa de que às vezes grandes amigos não conhecem essas facetas de seus companheiros. Não se acanhem.

Depois, podemos exercer a mania nacional e falar mal das manias dos outros.

# DE CHUVAS E OUTRAS CHUVAS

Bem que eu queria escrever uma crônica muito alegre, mas o dia hoje não está ajudando muito. São Paulo amanheceu nublado e com uma chuvinha daquelas que vêm para ficar. O dia fica meio cinzento, a cidade meio suja e o trânsito… ah!, essa praga. Ainda mais numa sexta-feira anterior a um feriado prolongado. Insuportável.

A gente já perde tempo saindo de casa muito mais cedo, para ficar praguejando ainda mais; fica olhando nos carros do lado para ver as caras das pessoas, mas a maioria tem aquela película protetora… nem isso dá para se fazer. O que dá é para ficar imaginando como essa chuva seria benfazeja na fazenda, onde só chove até começo de abril, depois tudo esturrica. Lá, dá para apreciar as gotas grossas começando a bater forte no telhado sem forro, fazendo um barulhão; daí se olha pela janela e vê-se aquela nuvem preta chegando rapidinho. Só dá tempo para pensar em como é bom estar abrigado.

A tempestade vem que vem, bufando. Cai pesada por bastante tempo, depois inverna, fica chovendo mansinho por muito tempo e os animais continuam pastando, como se nada houvesse. É tudo tão calmo… Enquanto isso, lá no vale, o caos provavelmente está tomando conta dos riachos, que engrossam muito depressa arrastando tudo pelo caminho:

terra, mato, animais e, de vez em quando, algum incauto desavisado.

Dá para imaginar também a chuva que vem se anunciando no horizonte lá de trás do mar, sendo precedida pela brisa mais pesada, depois aquela ventania balançando o coqueiral, levantando areia e encrespando as ondas — a massa de água que de azul fica cinza — que invadem a terra.

Outra chuva boa é aquela que chega de repente quando você está brincando ou praticando esporte, refrescando o calor e formando poças onde a gente pisa com gosto, espirrando gotículas por todo canto.

Pensando bem, minha reclamação até perde o sentido quando se pensa em chuvas que causam estragos incríveis, levando de roldão os pertences, na maioria das vezes tudo o que aquela gente tem, porque os terrenos nas encostas e localidades com alta periculosidade de desmoronamento são os que sobram para os mais desvalidos construírem suas moradas.

Agora estou bem quentinha, batucando no meu teclado e vendo a chuva mansa bater de leve nos vidros da janela — e isso acalma muito a gente.

Quanto ao feriado, só nos resta jogar ovos no telhado gritando para Santa Clara clarear os céus, mas, pelo andar da carruagem, parece que nem com megafone ela vai nos ouvir: a moça do tempo já declarou que a moda no fim de semana será capa, galocha e guarda-chuva.

# Mulheres da verdade

Hoje até que eu estava pretendendo escrever alguma coisa mais amena, engraçada, até, mas a vida nos direciona para onde bem entende. Achamos que somos donos de nossos destinos; entretanto, não é bem assim. Vou contar o que aconteceu.

Anteontem fui a um magnífico jantar realizado para a entrega de um prêmio a uma mulher que há muitos anos vem pesquisando e desenvolvendo técnicas que permitiram chegar a um produto alimentício de grande produtividade e recheado de vitaminas, que ajudam no combate à fome oculta — nome dado às carências alimentares resultantes do consumo de alimentos de baixo poder nutritivo.

Sou obrigada a confessar que os discursos foram muitos, e árduos, mas o jantar esteve excelente e a companhia ainda melhor. Tive a oportunidade de encontrar amigas que há muito não via, pessoas especiais que lutam por uma sociedade melhor, mais ética, menos corrupta, lutam pela melhoria da qualidade de vida de muitos que não têm condições para tanto.

Fui acompanhada de uma mulher especial: bonita, digna, trabalhadora, mãe e avó exemplar, esposa dedicada e companheira e que ainda arranja tempo para suas grandes obras sociais. Além de tudo, é muito divertida, e amenizou as intermináveis horas dos exercícios de oratória na cerimônia de entrega do prêmio. Essas mulheres fazem parte de uma associação chamada "Mulheres da Verdade", e estão há muitos anos lutando para disseminar a ética e a cidadania em nossa sociedade. Muito se tem conseguido, mas o desânimo permeou nossas conversas. A geração que se seguiu à delas não acompanhou seu interesse por esses temas, e hoje o que se vê são adultos de meia idade muito comprometidos com suas próprias vidas, sem perceber que estão dentro de uma cesta com muitas maçãs podres.

As participações políticas em qualquer âmbito deveriam ser, numa sociedade ideal, de cunho meramente idealista, visando o bem maior da sociedade ou associação a que se pertence; entretanto, o que vemos é uma batalha, muitas vezes travada com as armas da mentira e do engano, na ânsia de se tomar o poder — simplesmente pelo poder — mesmo sem que se tenha qualificações adequadas, ou mesmo visando ganhos econômicos e financeiros.

Deixo aqui minhas felicitações a essas senhoras que bem poderiam estar acomodadas, mas ainda, poucas que são, saem à luta carregando bandeiras de estímulo à ordem e à decência.

# De vinhos, política e ação

*O desespero eu aguento. O que me apavora é essa esperança.*

Millôr Fernandes

Um amigo mandou esta frase sugerindo que eu desenvolvesse o tema, e dizendo que o apavora o sentimento de que o governo passa uma ideia de que está tudo bem, comparando com o encolhimento da economia.

Meu caro Rodrigo, abra uma boa garrafa de vinho daqueles especiais, mas faça como só você sabe. Tire a rolha devagar e vá observando enquanto esta se expande para fora até escutar o espocar. Deixe em repouso por uns instantes enquanto se lembra daqueles momentos em Lake Tahoe, desfrutando nossa amizade e outro vinho. Sente-se numa poltrona confortável com a sua taça predileta, e sinta o aroma gostoso observando a cor rubra da bebida, depois deguste o primeiro gole, tentando extrair o máximo de informações que suas papilas linguais permitam, do tipo: carvalho com certeza, um tiquinho de flor, e se estiver com sorte, algo de chocolate. Nesse momento, você já estará vendo um Brasil mais cor-de-rosa. Quem sabe nosso ex-presidente não chegou à mesma conclusão, dentro dos mesmos eflúvios?

Meu amigo, você não era nem projeto de gente quando

eu e muitos outros brasileiros participativos e atuantes já nos preocupávamos com os destinos desse gigante alegre que é o nosso país. Lembro-me muito bem de ter escolhido erroneamente a carreira de economista, pois achava que seria capaz, tolinha, de ajudar a solucionar os nossos grandes problemas econômicos. Já naqueles idos dos anos 1970 me desiludi, pois enquanto trabalhávamos, eu e outros iludidos no Instituto de Pesquisa Econômica, teclando freneticamente as máquinas de cálculo manuais para descobrir o índice de inflação, o ministro da fazenda de plantão divulgava na mídia controlada pelos militares um número que nada tinha a ver com aquele que arduamente havíamos concluído.

Devo dizer que a corrupção que grassava naquela época era pinto comparada à de hoje, mas já mostrava suas garrinhas. Veja você, ainda estamos na luta.

A profissão de economista se mostrou absolutamente ineficiente, pois após estudos e mais estudos chega-se a uma conclusão e de repente uma vaca voa na china e vai tudo por água abaixo. Não se contava com esse fator.

Quando se poderia imaginar que, apesar de todos os nossos medos deste governo e toda esta corrupção dele advinda, nossa economia nem estivesse tão ruim comparada a outras que se consideravam muito mais sólidas? Estou neste momento escrevendo de uma varanda de frente para um lago muito plácido em Orlando na Flórida, e a calma é total, muito diferente do que tive a oportunidade de apreciar num centro de compras não muito longe daqui. A única língua que se escutava era o português, mas nem era preciso escutar. De longe, os modos já denunciavam a procedência daqueles ávidos consumidores derriçando prateleiras e mais prateleiras de artigos desnecessários, tão somente porque no Brasil está tudo pela hora da morte.

É de se entender que nossas indústrias estejam em baixa, já que hoje se compra de tudo muito mais barato no estrangeiro. Culpa de quem? Dos industriais? Coitados. Labutam debaixo da espada que é nossa legislação trabalhista, onde se tem que aturar maus funcionários ou arcar com todas as despesas de sua exoneração. Aqui na América, se despede alguém na hora, pagando o que é devido no ato e pronto. Acabou-se o vínculo. Está claro que essas despesas têm que ir para o valor do produto final, junte-se a isso propinas e mais propinas para garantir o funcionamento da fábrica e, finalmente, mas muito importante, as taxas e impostos escorchantes.

Sinto muito desapontá-lo, meu estimado Rodrigo, mas a culpa de tudo isso é tão somente nossa enquanto povo (até pareço uma caetana). Cansei de estar em movimentos pela ética e cidadania e em campanhas políticas, mas era até triste o número de participantes.

Nosso povo é alegre. Não percebe que estão lhe passando a perna contando que possam comprar mais alguma boderega. Nem tente explicar a eles o que pode advir no futuro.

É por isso, meu amigo, que aconselho: deguste seu vinho com prazer e não canse sua cabeça com coisas que não pode resolver.

# Se eu quiser falar com Deus

Todos os domingos sou convidada para ir à igreja com meu marido e, invariavelmente, não aceito. Como já dizia um japonês muito louco nos meus tempos de faculdade, o Patropi: "Cada um é cada um". Tenho procurado me pautar por estes dizeres, pois embora ele tivesse aquela cara de *hippie* mal resolvido, suas palavras eram certamente sábias, já que para estar estudando ali não poderia ser um relaxado.

Confesso, entretanto, que não é fácil. Temos a tendência de não aceitar muito os diferentes, e é com relutância que somos impelidos a aceitar certas preferências.

Eu e meu marido acabamos de sair de um torneio de tênis que é muito bom. Tudo lá é bonito e o clima convidativo, mas na volta de carro viemos conversando sobre a paciência com que alguns amigos assistem aos jogos durante dez dias, dia e noite, se esquecendo de que ao saber que ele é um pescador, sempre exclamam: "Credo!! Como você tem paciência para isso? Eu jamais conseguiria ficar horas esperando quieto que o peixe viesse fisgar".

Muito embora o tipo de pescaria que ele pratique não tenha nada a ver com paciência, pois é, inclusive, chamada de pescaria esportiva, vê-se que os outros não entendem que pegar o peixe não é o mais importante: não tem nada a ver com o sol se pondo no meio do rio, tingindo suas águas de um amarelo dourado da cor do dorso do peixe que ele adora pescar; não tem nada a ver com o ruído que os bugios fazem ao crepúsculo enchendo a mata de medo.

Os cheiros diferentes das flores e do mato também fazem parte das delícias de uma pescaria. Os diferentes ruídos das águas correndo céleres para seu destino, ou o do vento nas folhagens, não podem ser reproduzidos nos mais espetaculares estúdios de som, pois somente o conjunto é que faz a obra-prima. O cheirinho do café sendo preparado dentro do barco, com o motor desligado, já de noitinha e vendo as primeiras estrelas piscarem suas tímidas pálpebras, jogando conversa fora e sempre falando dos que não estão presentes, nostálgicos de sua falta, completa o exercício dos cinco sentidos.

Bem, se me perguntarem, eu prefiro falar com Deus ali, no meio de sua criação, e não nos arremedos de maravilhas de catedrais ou simplicidades de oradas. Me sinto envolvida e abraçada por Ele. Devo dizer que são raros esses momentos que dedico exclusivamente para essas conversas *tête-à-tête*, só mesmo nos momentos mais trágicos, pois no dia a dia estou sempre procurando reparar nas belezas da natureza e agradecendo por poder estar viva e pertencer a ela.

# Chapeuzinho vermelho

A garota estava ansiosa para experimentar o novo chapéu que tinha comprado naquela tarde. Depois de tanto tempo, finalmente a moda naquele inverno ditava o uso de chapéu. A ocasião era perfeita, uma tarde gostosa, fria, um chocolate quente e aquele garoto novo da escola. Ah! Como ele era gato.

O resto das vestimentas não importava muito, somente tinha que combinar com o chapeuzinho vermelho de feltro com uma peninha de galinha d'angola. Uma calça jeans, uma camisa branca, jaquetinha de couro preto, botas, um lenço estampado combinando *et voilà*: a felicidade personificada.

Sentia-se quase uma mulher, já que faria dezesseis anos em alguns dias. E seu adeus para a mãe, já de costas, com um balanço de cabelos abaixo do chapéu, fez com que esta sorrisse satisfeita.

No mesmo momento, o rapaz estava de frente para o espelho, e a imagem que via como sempre não o estava agradando. Grande demais, e com todo aquele cabelo pelo corpo, sempre fora motivo de chacota na juventude, principalmente por parte das garotas.

Logo a cidadezinha pacata no interior do Texas estaria sabendo que ela tinha tido um encontro com o loirinho bonito, então resolveu ligar do telefone público para sua melhor amiga e contar, senão o sermão seria grande no dia seguinte. Ninguém atendeu, mas pelo menos sua consciência estava tranquila. Continuou caminhando pela estrada, deserta àquela hora, e em poucos minutos estaria na lanchonete.

O corpo foi encontrado três horas e meia depois. Usava somente a calcinha e o chapeuzinho vermelho enterrado na cabeça.

Quando entrou de volta em sua caminhonete, o rapaz pensava que a culpa não era sua, e sim da menina, que o estava provocando com aquele chapéu. Com certeza tinha saído de casa na intenção de arranjar um encontro. Não tinha sido difícil fazê-la entrar em seu carro, quando ele disse que tinha machucado a mão e sua filhinha estava esperando na escola que ficava justamente em seu caminho.

No interior do Texas as meninas são muito desavisadas, conhecem todos os moradores e nunca são advertidas pelos pais para evitarem entrar nos carros dos outros, assim ficou fácil para o homem achar que ela tinha sido muito fácil, depois fez todo aquele drama fingindo que não queria mais. As mulheres sabem mesmo fingir. Ela lutava como uma gata selvagem, chorava e gritava dentro do bosque deserto, e o barulho da corredeira ajudava a abafar os gritos. A culpa era dela, se ele fora obrigado a bater muito, até ela ficar completamente inerte e ele pudesse consumar seu ato. Sua barba ruiva e os pelos de seu peito e braços estavam cobertos de sangue, mas o homem parecia satisfeito. Jogar aquele corpinho tão leve nas pedras do rio tinha sido trabalho fácil.

O rapazinho tinha esperado por muito tempo, até perceber que a garota tinha resolvido lhe pregar uma peça. Saía da lanchonete furioso quando encontrou a amiga e soltou o verbo. A mocinha sabia das intenções da amiga e achou estranho, indo imediatamente ligar para sua casa. A mãe confirmou que ela tinha saído para encontrar o garoto.

Meninas, escutem o conselho da vovó: Dizer que não pra lobo, que com lobo não sai só.

(Inspirada pela historinha que hoje atemoriza meu netinho.)

# Efeito borboleta

Tenho usado muito essa expressão "efeito borboleta", e sei muito bem qual a sua aplicação, mas não tinha muita certeza do porquê do uso da borboleta, para explicar que qualquer coisa que ocorra altera tudo o que se segue. Até assisti e gostei do filme de mesmo nome. Fui pesquisar, e descobri que uma teoria dos anos 1960 diz que até o leve bater da asa de uma borboleta pode afetar tudo, e até causar um tufão depois de um tempo.

Tudo isso para explicar por que esta semana não pude sair de casa e fazer as coisas que preciso, devido a um resfriado seguido de tosse que tem me acompanhado. Vou explicar.

Viagem para a fazenda programada. Dessa vez, de avião, pois seria muito curta e não haveria tempo para perder dois dias na estrada na ida e mais dois na volta. Para acelerar mais ainda o processo, o maridão resolveu fazer as compras de mantimentos aqui e despachar uma caixa térmica com tudo o que precisaríamos no dia e meio em que estaríamos por lá, tendo sido programada uma refeição com todos os funcionários da fazenda — que não são muitos, mas que juntados os cônjuges e a prole, acaba dando uma mesa bonita e grande.

Pois bem, caixa despachada e mais nenhuma bagagem, e lá fomos nós rumo a Brasília.

— Arnaldo, vá pegando o carro alugado enquanto eu pego a caixa.

O aeroporto de Brasília está quase pronto para receber os milhares de turistas que estão sendo esperados para a Copa, aparentemente faltando somente o forro da sala das esteiras de bagagem. No fim, a gente acaba dando um jeito, depois de pagar propinas, comissões e caixinha de corrupção para que tudo acabe bem. Estou certa de que o evento "Copa" vai ser um sucesso. O povo brasileiro é feliz por natureza, e não vai se aguentar, vai torcer sim, com muita alegria pela nossa esquadra canarinho.

Continuei admirando as novas esteiras enquanto via todos os passageiros pegando suas malas com facilidade e saindo, mas da minha caixa vermelha e branca, nem sinal. Resolvi perguntar, pois ninguém, apesar dos sorrisos, avisa nada de antemão. Fui orientada a pegá-la, juntamente com os pacotes que não viriam pelas esteiras, numa determinada porta cinza. Fui para lá, e aos poucos fui vendo os pacotes serem levados pelos aliviados passageiros. Somente eu permanecia sem a minha caixa.

Resumo da história: a caixa não veio.

Lembrei dos meus remédios, cremes, shampoo etc., que não poderiam vir comigo na cabine do avião. Nada de reclamações, pois isso só piora as coisas.

Já atrasados, saímos em busca de um supermercado onde comemos um sanduíche mequetrefe, pois os que haviam sido feitos aqui em São Paulo, adivinhem onde estavam?

Pegamos a estrada já bem tarde, em direção à serra. Tudo corria bem, o Arnaldo mais ainda, pois queria chegar logo. Assim que pegou a estrada de chão —como dizem por lá — enfiou seu pezão tamanho 43 no acelerador e fomos no solavanco, nos adiantando. Eu já estava sonecando, quando abri os olhos, e lá no meio da estrada estava um animal espetacular, enorme. Era o lobo mau!

Não este não é mais um conto de fadas moderno, somente uma brincadeirinha de sua escritora de todas as sextas. Na verdade, era um lobo-guará magnífico, e para quem ama a natureza, esse é um momento mágico. Logo ele atravessou a estrada e se enfiou no mato.

Faltando somente uns dez ou quinze minutos para chegar, já exaustos, alçamos um pequeno voo e aterrissamos exatamente na quina de um buraco, que parecia ter sido feito de encomenda para estourar o pneu da frente. Foi exatamente aí, 1h30 da manhã, que o meu drama começou, pois saímos do carro e, apesar de o Arnaldo ter sido super rápido e eficiente na troca do rodante, tive que segurar a lanterna debaixo do sereno da madrugada e, convenhamos, eu já não devia estar muito bem. Acabei pegando o tal resfriado.

Resumindo: de quem foi a culpa? Minha, por estar muito cansada? Da companhia aérea, que a toda hora dá problema? Do Arnaldo, que resolveu trazer a comida de casa? Enfim, qual dos fatores acima me impediu de jogar meu tênis esta semana?

Em compensação, fui "obrigada" a assistir todos os jogos do campeonato da França, e aprendi muito. Portanto, adversárias: Temei!

# O Brasil não é um time de futebol

Um partido político não é um time de futebol. O cidadão não precisa torcer por ele até a morte, nem ser fiel, independente de ele ser campeão. Nosso time de coração é o Brasil, tanto no futebol quanto na política. Se não se ganha no esporte troca-se todo mundo, técnico, jogadores equipe técnica e até o roupeiro. O mesmo deve acontecer na política. Para sermos campeões como nação, devemos trocar quando a equipe vai mal. Nos times profissionais, até o presidente do clube cai nas eleições. Por que não no nosso time de coração, o Brasil?

Tenho visto muitos eleitores que há tempos sonharam com um país mais justo, mas se equivocaram na escolha do time, com um técnico falastrão e engambelador cujo propósito era sair do cesto de caranguejos onde estava; seus companheiros tinham outro propósito, e, insidiosamente, vão levando a nação cada vez mais para o lado que o resto do mundo mais esperto já renegou.

Vários desses cidadãos, hoje, enxergam que cometeram um equívoco, e se encontram no limbo, sem saber para onde correr. Fatalmente escolherão um lado, pois estão com os olhos abertos. Entretanto, há aqueles que por terem escolhido um partido lá atrás, embalados pelo canto da sereia, creem que não podem mudar de time, e é para estes que abro a porta da esperança: seu time é e sempre será o Brasil, é por ele que você deve torcer sempre. Você nunca será considerado um vira-casaca por votar num candidato melhor, ou, se preferir, menos pior, na certeza de que o que temos hoje não é desejável.

Caros antagonistas políticos, por favor esclareçam esta alma ingênua: por que financiamos porto em Cuba, país que não tem nada para exportar, quando nossos próprios portos estão decadentes, nossa saúde piorando a cada ano, a educação, então, no fundo do poço, a segurança quase inexistente em qualquer cidade, por menor que seja? Isso, sem comentar a diplomacia e, finalmente, a economia. Nossos trabalhadores pagam impostos escorchantes, e não vá você, que não faz parte da *zelite* branca — seja lá o que você pensa que isso é —, ficar sorrindo e achando que não é com você. Cada grão de feijão que você compra está carregado de impostos altíssimos. Por que pagamos o dobro do valor da gasolina brasileira vendida na Argentina? Imagine pagar somente um terço do que se paga pela sua cesta básica, não seria maravilhoso?

Sabemos que isso é impossível, pois o país precisa caminhar, e é com o suado dinheirinho que os trabalhadores ganham que temos que sustentar a máquina do governo, e sustentar aqueles que optaram por nada fazer a não ser gerarem filhos para receber proventos de mão beijada.

Sem trabalho, não se gera riqueza. Todos têm que contribuir. Se o governo fizer sua obrigação investindo na produção, capacitação dos trabalhadores, educação e saúde para todos, o bolo finalmente vai crescer. Insisto que a galinha dos ovos de ouro já está cansada, em pouco tempo vai diminuir até minguar a produção de Bolsa Esmola.

Por tudo isso é que insisto: guardem suas bandeirinhas do Brasil que foram atiradas com raiva nalgum canto do armário, junte a elas sua camiseta da seleção, suas tintas e maquiagem verde-amarela para usar quando estivermos a ponto de escolher o novo dirigente de nosso time. Mostre que você ama realmente o nosso país, e lembre-se, de vez em quando, de entoar o nosso maravilhoso hino tentando compreender seus dizeres: um raio vivido de amor e de esperança à Terra desce.

# País honrado

Ontem à noite eu estava vendo um filme daqueles épicos de que tanto gosto. Era a história de um escocês que vivia no campo, muito pobre, mas tinha algo dentro de seu peito que era só dele. Ensinou a seu filho: "Honra é um presente que o homem dá a si mesmo".

Fiquei conjeturando. Realmente honra não se herda, não se transmite. É inerente.

O que aconteceu com meu povo que não se dá mais esse presente? Foi consumido pela febre consumista. Todos querem tanto ter, em detrimento de ser.

Conheci muita gente honrada e ainda vejo alguns desses espécimes, mas, consideremos: são poucos.

Os homens honrados sentem orgulho de si mesmos. Dentro de seus peitos têm uma fortuna que jamais lhe será tomada, haja o que houver. São felizes, pois não anseiam conseguir sempre mais e mais. E são admirados mesmo por aqueles que não têm esse dom.

Os que pelos caminhos da vida resolveram por si sós abrir mão desse privilégio, sentem o vazio que se instalou em suas almas, e caminham tristes, invejando os fortes.

No último domingo, estive na rua me manifestando contra o caos e a desonestidade que hoje grassam como uma névoa negra por todo o país. Não quero aqui lançar toda a culpa na classe política, já que esta é oriunda de nosso povo. Em pequena escala, muitos cometem os mesmos desmandos que outros têm oportunidade de cometer em escala muito maior.

No dia a dia, ouço aqueles que estão desobedecendo as regras de suas comunidades e se aproveitando da impunidade, que, no fundo, habita os corações acostumados a deixar pra lá, se queixando do que acontece fora dos muros de suas associações.

Cedo ou tarde, o mau-caratismo sempre se revela. O nome e honradez serão jogados na lama, e esses homens serão ridicularizados por seus pares, até por aqueles que não merecem crédito.

Sempre é tempo de tomar a decisão e se dar essa dádiva.

Foi muito emocionante e bonito de se ver, um milhão de pessoas, todas entoando palavras de ordem e o hino nacional. Naquele meio, sim, estavam muitas pessoas honradas, mas também aqueles que temem perder seus privilégios ou, ainda, os que não se deram conta de que são da mesma laia a que pertencem os políticos que hoje tanto abominam.

As ruas estavam tomadas de camisetas amarelas e bandeiras. Bem que eu estava prevendo, quando, em uma crônica do ano passado, logo após a Copa do Mundo, alertei para todos guardarem seus símbolos usados para torcer pelo Brasil, pois esses teriam outra utilidade. Insisto, ainda terão muita utilidade, pois esses movimentos ainda terão que se avolumar para que se atinja o objetivo final, que é tirar do comando todos aqueles que espoliam ou espoliaram nossa pátria, hoje ridicularizada nos meios de comunicação em outros países.

Estejam todos preparados para outras festas patrióticas. Não se iludam. Sem nossas exigências, nenhum pacote contra corrupção do governo anterior estaria sendo requentado.

Brasil, eu ainda acredito. Eu ainda estou aqui

# Absurdo

Nem sei por que cargas d'água resolvi fazer as contas, melhor teria sido viver na ignorância, sem essa informação.

Como todo mundo sabe, sou viciada em chocolate e tenho durante toda a minha vida consumido grandes quantidades desse produto. Desde o último Natal resolvi me abster, e calculei quanto havia deixado de consumir. Façamos uma provinha de matemática:

**Problema 1:** como me livrar de cinco quilos inconvenientes.

**Problema 2:** Se Priscila todos os dias após se alimentar normalmente come um tablete de 180 g de chocolate, quanto terá a insana consumido durante toda a sua vida?

**Resposta 1:** O problema 1 depende da solução do problema 2.

**Resposta 2:** 180 g x 10 dias = 1,8 kg x 3 = 5,4 kg por mês!!! 5,4 kg x 12 meses = 64,8 em um ano.

Entenderam?? Em um ano.

Agora, vejamos se dos meus 61 anos consumi essa quantidade por 40 anos (o que é factível)

64,8 kg x 40 anos = 2.592 kg

Sim, meus caros amigos, consumi aproximadamente MAIS DE DUAS TONELADAS E MEIA DE CHOCOLATE. Ou seja um carro pequeno, ou meio elefante ou mais de quatro cavalos e por aí vai.

Interessante como a gente não percebe o volume quando se trata de pequenas porções insistentes. Já vi muitos casos de fortunas desaparecerem assim, também vi muita gente que não consegue guardar nada na vida, achando que tampouco vale a pena economizar. Discordo. Acho que se a pessoa vive mal com 100, pode perfeitamente viver mal com 90 e economizar dez. Isso fará grande diferença com o passar dos anos.

Voltando ao problema de matemática, se a vida fosse justa, eu tendo deixado de consumir nesses dois meses e meio aproximadamente 12,5 kg, por que cargas d'água só emagreci quatro quilos?

Deve ser algum tipo de castigo divino por ter infringido o pecado capital da gula. Merecido, diga-se de passagem. Tudo o que é exagerado é pecado. Sei que errei e estou arrependida. Será? Pelo menos, ainda continuo sendo aturada pelo meu tolerante marido. Sem o chocolate, que tipo de monstro teria saído de dentro de mim e atacado com suas garras verdes o meu tranquilo casamento?

Meus amigos. Eu estava abstêmia, mas meu genro trouxe de uma viagem uns deliciosos, e enquanto eles não acabarem, estou certa de que não terei paz.

Orem por mim.

# Só para garantir

Meu amigo, aquele adeus ficou na minha memória. Indelével! Já faz doze anos, e não há um só dia em que eu não me recorde daquele aceno e do sorriso. Puro escárnio.

Quanta dor! Tudo doía demais, mas aquela recordação era o que mais me fazia sofrer. Vou contar o que se passou.

A situação financeira naquela época estava terrível, e era dia de pagamento. Sabia que muitos dependiam de mim, então resolvi por segurança ir pessoalmente ao banco, que estava quase vazio: no estacionamento só se encontrava um carro: o meu. Meio velhinho, nem chamava a atenção. Entrei e fui rapidamente atendido, saindo em seguida. Coloquei o pacote com as notas debaixo do banco dianteiro, certo de que não estava sendo observado. Em poucos minutos pagaria os empregados e iria mais cedo para casa descansar, pois a sexta-feira era muito bem-vinda naquela semana infernal de trabalho, você sabe, São Paulo logo após o carnaval, quando o país realmente começa a trabalhar, é caótica.

Estava no meio de uma avenida movimentada e o calor estava infernal. Os vidros abertos garantiam um pouco de brisa para cima de mim. Já estava pensando na pizza com cerveja em casa, com a patroa e os meninos, e qual sabor novo a molecada iria inventar.

— Dá logo o dinheiro que está debaixo do banco que você acabou de tirar! Anda! Anda!

A ficha custou um pouquinho, mas caiu. Nem retruquei. Vagarosamente, me abaixei, olhando nos olhos daquele homem muito grande, montado em sua moto. A arma não me atemorizava tanto quanto aqueles olhos frios e injetados. As ventas estavam alargadas, e eu quase podia sentir seu hálito vindo do inferno. Por baixo do capacete ainda vi uma gota de suor escorrendo para seu queixo com a barba por fazer. Os poros do nariz eram muito abertos e sua pele manchada. Percebi que havia outra pessoa no banco do passageiro, provavelmente seu comparsa. Mas mesmo se ele estivesse sozinho eu jamais me atreveria a contestar, tal pavor aquele homem me inspirava. Seria difícil reconhecê-los, já que estavam com roupa impermeável, preta como a de tantos.

O coração batia na minha garganta, as costas arrepiadas, a respiração acelerada, em meu corpo tudo preparado para lutar ou fugir. Eu só queria fugir. Entreguei o pacote como o recebera do banco, e até aquele momento não emiti um som.

Ele apanhou o dinheiro, baixou a arma para facilitar a colocação do embrulho no cós da calça; mesmo assim eu continuava a encará-lo, como que hipnotizado. Senti um pouco de alívio pensando que havia conseguido me livrar do problema com eficiência, quando ele levantou novamente a arma em direção de minha cabeça e atirou. Não pude acreditar que nada aconteceu. O tiro falhou.

Implorei: vá embora, tenho família. Mais uma vez pensei que estava livre, quando ele novamente apertou o gatilho e descarregou todo o revólver em mim. Meus olhos o seguiram quando ele arrancou, virou para trás e acenou com um sorriso.

Um ano e meio no hospital, quase dois meses na UTI, e aquele sorriso continuava a me perseguir. Não havia morfina suficiente para aplacar aquele tipo de dor. Nunca perguntei, mas até gostaria de saber se alguém sorriu para ele na hora em que recebeu os tiros que tiraram a sua maldita vida e a do seu comparsa.

Agradeço à minha família por tudo.

## Amélia, versão dois

Já considerei o que teria acontecido com a Amélia, aquela considerada a mulher de verdade: meu teclado aceita qualquer coisa que eu escrevo sem contestar. Não é uma maravilha? Ninguém mais faz isso por mim. Vejamos o que teria se passado.

Já sabemos que a tal Amélia não está mais com seu grande amor, já que ele agora está com aquela esbanjadora exigente que tudo o que via, queria, aquela que só pensava em luxo e riqueza. Parecia não ter consciência. Nem via que ele era um pobre rapaz.

Acredito que teria sido realmente um grande amor por parte da Amélia, pois ela passava fome ao lado dele e até achava bonito não ter o que comer. Não podia vê-lo contrariado, e o consolava com palavras carinhosas.

Bem se podia ver que Amélia era uma pessoa sem ambições, já que nada fazia para modificar tão terrível cenário. Poderia perfeitamente ter arranjado um emprego e assim abastecer ao menos sua despensa, mas, não, ficava naquele marasmo esperando a vida passar e alguém que a sustentasse.

Deu no que deu. O rapaz, apesar de ser meio devagar, ou, talvez, meio de vagar, era bonitão, e logo achou quem o quisesse tirar daquela situação: foi quando encontrou a perdulária. Era uma mulher um pouco mais velha do que ele e bastante experiente. Gostava das coisas boas da vida. Deu um jeito de arranjar um bom emprego para o moço e o incentivava a persistir na carreira; não dando trégua, estimulou-o a prosseguir com os estudos que tinha abandonado. Se queriam prosperar na vida, teria que ser enquanto ainda eram jovens e tinham disposição.

Planejava tudo meticulosamente e, depois de algum tempo, se casaram; quando a vida já estava estabilizada, tiveram dois filhos, viveram dois anos no estrangeiro enquanto ele fazia mestrado, e foi aí que ela finalmente abandonou o emprego e dedicou-se a transformar seu lar num lugar perfeito, onde o marido tinha muito prazer em descansar depois da longa jornada de trabalho. Estava sempre perfumada e muito bem arrumada, recebia muito bem os amigos e também fazia bonito nos eventos corporativos.

Aos poucos, a moça foi trocando as bijuterias por joias e os vestidos das lojas de departamento por roupas de alta costura. Colocou os meninos nas melhores escolas que o dinheiro podia pagar. O marido, às vezes, quando chegavam as contas do cartão de crédito, ainda cantarolava para ela em tom de brincadeira: Ai, meu Deus, que saudades da Amélia!! E os dois riam, felizes.

Quanto à Amélia, sinto dizer, mas a vida é dura para quem é mole. Foi caindo de déu em déu cada vez mais; entregou-se ao vício, primeiramente álcool e depois drogas. Alguns dizem que a juventude se acabou muito antes do tempo, e ela vaga pelas ruas da cidade, aceitando caridade ou praticando pequenos furtos para sustentar o vício.

Somos responsáveis por nossas escolhas.

# Gente que faz

Estava filosofando com meu marido no outro dia e ele comentou sobre o quanto devemos para as pessoas que nos cercaram durante nossas vidas, a todas e a cada uma delas.

Quem não se lembra das empregadas que trabalharam em nossas casas quando éramos crianças? Quanta contribuição trouxeram para nós, sem que nos déssemos conta disso? Brincadeiras de esconde-esconde com a Benedita da Silva, por exemplo, vulgo Beth, que de dia era doce e carinhosa brincando com a gente e de noite se prostituía nas ruas do Bixiga. A Beth me ensinou muito sobre as mulheres chamadas "da vida", que podem ser muito melhores do que muitas carolas que batem no peito, ditam regras de moral e têm o coração empedernido, como D. Maria de Lurdes, minha professora (?), que na quarta série — sempre vestindo preto e com a boca cheia de dentes, parecendo uma cremalheira — me atormentava demais, como se não bastassem os problemas que eu já tinha em casa, sempre me questionando e me chamando de burra na frente de toda a classe de mais de cinquenta alunos do Caetano de Campos. Me fez muito bem a malvada, esteve em meus pensamentos a cada nova conquista: quem era a burra?

Há as pessoas que trabalharam com a gente a vida inteira, como a Zefa, que foi minha companheira de fins de semana, pisando fundo nas máquinas de costura quando não podíamos atrasar com a mercadoria, minha grande amiga até hoje a quem rendo meus respeitos pela mulher corajosa que é; e outras que viram comigo o passar dos anos, como a Sirleine, secretária, quebra-galho e amiga do peito, daquelas como poucas que a gente conhece em uma vida.

Há ainda outros funcionários com quem perdemos contato, como a Marluce, baiana, boa cozinheira, que desapareceu, assim como a Tiana, mineira que trabalhou em minha casa por uns dez anos e me ajudou quando os filhos eram pequenos. Me pergunto: o que terá sido dela? Sua vida, como será? Agora, numa fase melhor da vida, gostaria de poder ajudá-la. Meus garotos, Geilson e Gedeilson — que vieram meninos e se tornaram homens em minha casa — estão em nossos corações, pela integridade e amizade sincera que nos dedicam e que é retribuída por nós com amor e carinho.

São professores maravilhosos, que nos orientaram e dirigiram no caminho do conhecimento e dos quais sempre nos lembramos, vez ou outra, por seus ensinamentos. O pessoal que trabalhou nas obras e que ficou em nossos pensamentos por sua competência e disposição aguerrida, e outros ainda que permaneceram pela simpatia e nos acompanharam mesmo depois de as obras concluídas, prestando serviços de guarda, bicos etc., o Valmir entre eles: construiu minha casa e, mesmo muito doente, vinha todos os dias; por não ter mais forças, sentava-se num montinho de tijolos e ficava desamassando pregos. Não perdeu o sorriso alegre nem mesmo no hospital em seus últimos dias. Ou o Zezinho, que veio trabalhar em São Paulo criança ainda e sem documentos, só trazia em sua carteira a foto do pai. Foi preso quando abriu a carteira para o policial, que lhe pediu os documentos e só viu a tal foto. Desacato!! Perdeu-se na bebida e sumiu no mundo. Ou os funcionários do clube que frequento todos os dias, e nos atendem sempre solícitos — Gaspar, Edinho, Walter, para exemplificar — sempre de olho nos meninos, que os respeitavam e admiravam.

Sei que deixei de mencionar muitos e muitos outros, mas isso não se deve ao pouco caso, mas, sim, à falta de memória neste momento, mas saibam que nos lembramos de todos de quando em quando. Obrigada, gente.

# MAGIA

**M**ágica! Você acredita?

Pois eu, faço muito esforço mental para racionalizar, porque no fundo, no fundo, bem que quero acreditar.

Quando eu era adolescente, passava um seriado na televisão que se chamava "A Feiticeira". A protagonista era realmente uma bruxinha muito simpática, que, com uns movimentos de nariz, conseguia realizar proezas que deixavam seu marido — um reles mortal — enfurecido, já que tudo que ele queria era levar uma vidinha normal nos dourados anos 1960 na terra de Tio Sam.

Lembro-me muito bem de que, apesar de saber que aquilo tudo não passava de meros truques de cinema, que ainda engatinhava na arte dos efeitos especiais, eu muitas vezes me pegava pensando que... talvez... por que não? Queria muito acreditar que realmente havia gente capaz de realizar proezas inimagináveis.

Agora, quanto mais o tempo passa, mais me certifico de que mágica realmente existe — todo esse introito para contar que mais uma vez estive na terra da magia, e mais uma vez me deixei encantar. A única diferença é que a bruxaria criada não é tão simples como um mexer de nariz ou uma piscadela, tem muita gente trabalhando incessantemente para que tudo o que é de mentira pareça de verdade.

Todas as pessoas que para ali se dirigem já vão com o espírito preparado para se divertir e passar bons momentos, e só isso já faz com que a atmosfera seja propícia à alegria e ao contentamento. Existe uma aura, uma energia muito boa que cerca todo o lugar, e apesar de milhares de pessoas passarem por lá todos os dias, nunca ouvi falar de desavenças ou brigas ali dentro.

Tudo é muito bem cuidado, para que nada deixe a desejar. Tudo está muito limpo, inclusive os banheiros, que estão sempre imaculados e cheirosos, sem que se veja ninguém tomando conta ou limpando — parece até mágica. O lixo parece se desmaterializar no ar, mas ontem consegui pegar no flagrante um funcionário que passava e viu algo no chão. Rápido como um raio, recolheu o que quer que fosse e tudo voltou à perfeição.

Fiquei pensando em quantas horas de treinamento são despendidas para manter o *staff* motivado, sorridente, feliz e eficiente. Imagino que só a oportunidade de trabalhar naquele lugar já seja muito considerada, pois sei que o pagamento pelo serviço estafante provavelmente não compensa.

Enquanto me extasiava, aproveitei para aprender um pouco mais, e quem sabe aproveitar meus novos conhecimentos em benefício de meus conterrâneos.

Amanhã volto para o meu país, que está a cada dia mais difícil de amar. Tem uma madrasta malvada que tornou-se a rainha daquele reino distante, e tem transformado a beleza numa selva de espinhos. Tem um duende que tem a forma de um sapo que instiga o povo — de modo geral manso e cordato — à guerra interna.

Estamos há muito tempo esperando que o tal príncipe encantado em sua armadura brilhante venha nos libertar, mas, infelizmente, cheguei à conclusão de que essa mágica nunca vai acontecer, a não ser que nós mesmos, cidadãos conscientes, cheguemos até o palácio e arrastemos a megera para fora.

Agora que o ano realmente começou, logo depois do carnaval, já me preparo para enfrentar engarrafamentos colossais, buracos nas ruas, faixas de ônibus e ciclovias vermelhas cor de comunismo. Mas volto com alegria no coração.

# Carta a quem ainda não é

Já faz tanto tempo… Sinto uma saudade atávica de você. Há tão pouco tempo eu não te conhecia e agora já não passo um só dia sem pensar na hora em que vamos nos encontrar. Paradoxo!

Você ainda não sabe, mas estou impregnada indelevelmente em cada célula que você carrega e vai carregar por toda a sua vida, e você ainda tem muita para viver, tanto para aprender e quero estar ao seu lado, para ensinar o que eu puder e souber. Você ainda não sabe, mas sou uma grande amiga com quem você pode contar sempre.

Anseio pelo dia em que terei suas mãos nas minhas e sem trocar palavras, somente olhares serão suficientes para que saibamos de nosso amor, um amor carregado de alegrias como até há pouco tempo eu não conhecia, mas que se revelou de uma grandeza imensurável. Nosso sentimento será secreto e somente poucas pessoas serão merecedoras desse afeto de minha parte. Somente poucos entenderão que o elo que nos une tão fortemente é feito de açúcar cândi…

Serei aquela a quem por alguns anos você recorrerá nas horas de aflição, de rebeldia; acalmarei cada uma delas somente com minha voz e meu colo generoso. Por toda a minha vida serei dedicada a você, carregando uma gratidão imensa pelo bem que você me fará. Somente por poucos anos… depois a vida te levará novamente para longe de mim deixando em meu peito essa mesma saudade que tenho agora. Já sinto antecipadamente a preocupação de vê-lo ser carregado pelo redemoinho de emoções da adolescência, assim como o foram os que te antecederam, mas que já me foram devolvidos.

O círculo se fecha, e nesta ciranda da vida vamos cumprindo a tarefa que nos cabe.

Meu querido, meu amor, ainda falta muito tempo para que eu o tenha em meus braços, mas você ainda tem que cumprir o papel que lhe cabe. Tem que, a cada dia, evoluir freneticamente e estar preparado para enfrentar a vida que tem para viver. A boa notícia é que você está muito bem protegido e que nunca mais em sua vida terá que se esforçar tanto. Lembre-se disso quando achar que o fardo é muito pesado para você. Lembre-se de que já enfrentou esforço muito maior e foi bem-sucedido.

Ainda não sei seu nome. Não importa, pois quando eu souber vou repeti-lo sempre com muito orgulho para todos que me rodeiam, contando tintim por tintim cada bobaginha nova que você fizer: cada performance sua será para mim um dos doze trabalhos de Hércules (depois eu te explico o que é isso).

Nunca te vi nem te toquei, mas todo o meu tempo será dedicado a cuidar de você e te fazer feliz, te acarinhar, te ninar. Venha logo que estou louca para começarmos nossa aventura. Venha, que outras pessoas também te aguardam com ansiedade. Nós aqui do lado de fora estamos preparando um mundo aconchegante para que você não sinta tanta falta do calor e tranquilidade que tem agora.

Tem um garotinho muito simpático que vai te fazer companhia nas brincadeiras da meninice e que será seu amigo de fé, seu camarada por toda a vida, e com quem você dividirá meu afeto, mas nem precisa dividir, pois ele já se multiplicou.

Tem uma mulher muito doce que foi escolhida, para sua sorte, para ser sua mãe, tem um homem gentil e amoroso que será seu pai e eles te esperam com alegria e responsabilidade.

Tem também um avô que vai te amar muito, e de quem você vai gostar, como todos gostam.

Portanto, meu netinho, tome seu tempo, pois eu tenho a paciência que os anos me ensinaram.

Assinado: Sua Avó

# Dourado à urucuiana com pirão

No fim de uma linda tarde, quando o sol está quase se pondo, saia de canoa com o seu amor em direção a uma corredeira do Rio Urucuia. Lá chegando, após apreciar devidamente a paisagem, sentir o aroma do mato, escutar os últimos gorjeios dos pássaros e os gritos das araras e ver a revoada de papagaios, prepare uma vara reforçada, coloque uma isca artificial e dê, juntamente com um beijo, o equipamento para o pescador para que ele lance no burburinho, pois o dourado gosta de água oxigenada e está na hora de ele caçar. Aprecie enquanto ele puxa a isca com habilidade — e com fé, senão não vai. Como o peixe é muito voraz, se estiver por ali, com certeza atacará o engodo com fúria, e ao perceber que foi ludibriado, vai saltar várias vezes, chacoalhando a grande boca na intenção de se desvencilhar: algumas vezes consegue; noutras, o dia é do pescador.

Após uma meia hora de luta, se der tudo certo, você já tem o ingrediente principal: um dourado de pelo menos cinco quilos (depois pode-se aumentar o peso, na hora de contar os causos). Agradeça a Deus e leve-o imediatamente para ser limpo. Essa é a pior parte; se for esperta, arranje alguém para fazê-lo por você, pois a retirada das escamas sempre provoca uma sujeirada.

Retire a cabeça e reserve; procure não olhar muito nos olhos para não ter remorsos. Tempere tudo com bastante sal e vinho branco, não economize nessa hora; se for muito, mas muito necessário mesmo, use limão ao invés, vá!, e deixe repousar por pelo menos uma hora, pois o peixe é fresquinho e já vem muito saboroso. Sorria enquanto vai pensando em outra coisa mais interessante, do tipo o que fazer depois do jantar; pique em cubos quatro tomates, três cebolas grandes, salsinha, cebolinha e coentro (nem todo mundo gosta), faça um bom refogado (pra quem não sabe, é fritar com um pouco de azeite) com esses condimentos, não esquecendo de colocar um pouco de pimenta e um pouco de gengibre bem raladinho só para dar um sabor, eu sempre me lembro de quentão nessa hora.

Separe metade desses temperos e com a outra metade refogue a cabeça do dourado com mais algum pedaço que sobrou. Depois de frita a cabeça, despeje água até cobrir e deixe cozinhar. Veja que os ossos estejam se soltando da carne no cozido, passe tudo pela peneira, guarde o caldo e separe as carnes das bochechas (que são as mais gostosas), reservando-as. Com esse caldo será feito o pirão na hora de servir. O resto do refogado será colocado dentro e sobre o dourado. Coloque umas torradas por baixo do peixe, cubra com papel alumínio e leve ao forno forte por meia hora para cada quilo de peixe.

Aproveite esse tempo para tomar um bom banho; lave bem as mãos e capriche na água de colônia. Muito creme hidratante, um vestido leve e soltinho, o cabelo natural e corra para o fogão. Retire o papel alumínio e deixe dourar. Enquanto o peixe doura, coloque o caldo em ebulição e vá mexendo com uma colher de pau sem parar enquanto deixa cair um fiozinho de farinha de mandioca, tem que ser bem garoado para não empelotar. O ponto é meio difícil no começo, tem que ficar numa consistência um pouco mais rala do que se pretende, pois quando sai do fogo engrossa mais um pouquinho. Adicione as carnes que estão reservadas, coloque tudo numa tigela e polvilhe salsinha picada.

Coloque o peixe numa travessa bonita e enfeite com folhas de alface e umas rodelas de limão por cima. *Voilà*. Abra uma garrafa de vinho e faça um arzinho de que tudo foi muito fácil.

Me convide para o jantar!

# O PRÍNCIPE

Fazia tempo que ele olhava a lua através da persiana, mas existia um vácuo em seus pensamentos. Havia alguma coisa ali, ele sabia, mas não divisava com exatidão o que era. Pensou que se ficasse olhando fixamente, acabaria por descobrir. Aqueles sons que ouvia por perto também não ajudavam muito — tosses, roncos de todas as espécies até o faziam sorrir, tinha um que parecia uma trombeta, mas não queria perder o foco, já que estava tão perto de descobrir.

O luar batendo naquela grade em frente à sua janela, sim, ali havia alguma coisa. Aquele sobrado em frente com aquela grade... faltava alguma coisa naquele lugar. O que seria? Aos poucos, uma mancha branca começou a surgir, e parecia que havia alguém, sim, uma menina, melhor, uma mocinha, cabelos escuros, lisos e compridos; o rosto bonito não parecia tão infantil, mas aquele pijama de flanela branca estampada de bichinhos era de uma criancinha.

Ele estava passando quando a viu. Ia muito depressa, não estava a pé. Engatou a marcha a ré e retrocedeu o carro vermelho. Não tinha como ela não tê-lo visto passando. Àquela hora da noite não havia mais ninguém na rua, era uma noite fria de inverno, muito límpida, e o luar estava muito claro.

O que ele lhe diria? Desligou o motor que fazia um barulho ensurdecedor com aquele escapamento aberto. Ficou ainda por alguns instantes sentado no carro, enquanto a olhava e tomava ânimo para falar.

Seria melhor sair do carro? Sim, ele era um cavalheiro. Pelo menos pretendia ser, um dia. Abriu a porta e levantou-se, mas não se afastou do carro, procurando proteção. Como poderia uma garotinha inspirar esse sentimento num rapaz tão grande? Ele não entendia. A boca estava seca e as mãos um pouco trêmulas, mas agora não havia volta, teria que se dirigir a ela de qualquer maneira. Sabia que já a tinha visto por ali algumas vezes, mas havia outras também naquela casa e ele não conseguia distinguir qual era qual.

Ela estava sentada no chão do alpendre com as pernas para fora da grade, balançando um pouco. Seu rosto era sereno e ela o encarava com intensidade. Esperava. Finalmente, ele a cumprimentou e perguntou o que ela estava fazendo ali. A menina sorriu seu sorriso mais lindo, ao ouvir pela primeira vez aquela voz grave e de um tom bonito. "Nada", respondeu, mas pensava que estava li sonhando como sonham todas as meninas. Sonhava com um príncipe encantado que a viria resgatar daquela torre, onde era tão infeliz. Ele perguntou seu nome, não sem antes passar a mão pelo rosto num gesto que se repetiria até o fim da vida quando ele estava aflito. Ela respondeu e perguntou o dele, mesmo sabendo muito bem qual era o nome do rapaz. Ficaram ali por alguns minutos numa prosinha boba.

Ele estava começando a se perder, e a perder a cena. Sua mente estava divagando e entrando no limbo novamente. Ainda viu sua própria mão no alto com um beijo arremessado para ela. Os dedos finos e as costas da mão iam mostrando aos poucos algumas manchas que não estavam ali havia pouco, o braço não ia tão alto e estava bastante trêmulo. A mocinha não estava mais por ali, mas uma sensação boa o invadiu e ele bocejou: "Acho que já posso dormir".

Levantou-se e se deitou na cama estreita sentindo um calor antigo, uma saudade imensa, não sabia de quê.

# Dor e sofrimento

Ai! Que ando embirrada com os jornalistas. Semana passada já reclamei deles, mas vejam só se não tenho razão. Hoje de manhã, ao abrir o jornal, me deparo com a seguinte manchete: "Governo quer acabar com a cracolândia pela estratégia de 'dor e sofrimento'".

Depois de ler toda a matéria, que pela manchete parecia uma crítica ao governo, percebi que haviam destacado parte da polícia para impedir o tráfico de drogas e os usuários estavam se sentindo mal por causa da abstinência. Os agentes sociais têm esperança de que, dessa forma, os viciados procurem ajuda na rede de saúde.

Gente! Vamos combinar. Droga é proibido!! A obrigação da polícia é combater o tráfico, aliás, na minha opinião, a pior praga pela qual a humanidade já passou. Lembro-me dos cursos de catecismo, quando se falava das sete pragas do Egito; mais tarde, na faculdade de economia, aprendi sobre a peste negra na Europa medieval; e tudo aquilo era pinto se comparado ao que ocorre nas nossas cidades. O pior da droga é que, além dos malefícios diretos ao consumidor, ainda traz consigo a violência como efeito colateral.

Infelizmente, o governo tem razão, pois só se consegue superar as dificuldades através da dor e do sofrimento. Eu mesma, mal comparando, nesse período estou passando por situação similar. Resolvi emagrecer e para isso passo fome, tenho síndrome de abstinência de chocolate, o meu corpo todo dói de tanto correr (uma hora por dia), fazer musculação e ainda jogar tênis ou *beach tennis*, ou seja: dor e sofrimento. Entretanto, a satisfação de se atingir uma meta através do esforço é muito gratificante.

Quando eu disse que o governo tinha razão me referia exclusivamente a este fato específico, não vamos generalizar, que ele não merece. Já vou me perder mais uma vez, mas falando de governo me lembro de política e daí recordo uma passagem do ex-presidente Jânio Quadros, um gênio sob alguns aspectos. Na oratória era imbatível, tendo, inclusive, em campanha pela Prefeitura de São Paulo, deixado FHC por baixo num debate. E ensinando a um novo político como deveria se comportar, disse: "maltrate os jornalistas". Ele próprio se referia a estes como cachorros durante a campanha; depois de eleito, e ao final de um eficiente e bem-sucedido governo, quando a mídia era só elogios, Jânio disse que queria se redimir de tal afirmação. Convocou a imprensa e disse que quando chamou os jornalistas de cachorros não pretendia ter ofendido os pobres animaizinhos, sendo que ele próprio tinha vários e os admirava muito.

Tive o prazer de conhecê-lo pessoalmente, e posso afiançar que todo aquele tipo de meio doidinho era mesmo tipo, pois Jânio era uma pessoa de conversa afável e sabia entreter pessoas de todas as idades com sua prosa fácil.

Estou pensando em maltratar os jornalistas também. Assim, quem sabe eles se dão conta de que devem fazer o seu trabalho e que, além de vender jornal via manchetes escandalosas, também têm que fazer sua parte no sentido de trazer cultura e estimular as coisas da nossa terra. Faço uso de meu *jus esperneandi.*

# Animal

O tipo de afeição que as pessoas dedicam hoje aos seus animais de estimação é muito diferente da que existia em minha infância.

Lembro-me muito bem do medo que sentia ao visitar uma tia que morava do outro lado da cidade, que eu achava que era no fim do mundo. No seu quintal, bem lá no fundo, numa área de terra junto do galinheiro — sim, havia um —, ficavam os cachorros, acorrentados junto às suas casinhas toscas de madeira. Eram alimentados por minha tia e meu primo, e os outros evitavam o lugar, por ser perigoso.

Realmente, podia-se notar muita raiva e hostilidade nos latidos furiosos que lançavam a qualquer tentativa de proximidade. Nunca os vi soltos. Não sei se quando não havia visita eram colocados em liberdade ou se à noite serviam de vigias, nem sei para que, pois a segurança era total. Talvez algum ladrão de galinhas se aventurasse, mas teria que passar pelos caninos brancos do cão preto que na época, em minha inocência, eu comparava a um monstro enorme, mas que na verdade devia ser bem pequeno, um cachorro de porte médio, no máximo. Seu nome era Sultão.

Minha tia Alzira era uma mulher caridosa, e meu tio João um carola que ajudava na igreja. Eram pessoas muito boas, e nem de perto imaginavam que estavam fazendo sofrer aquelas criaturas presas a quem, com certeza, queriam muito bem.

Hoje, tem-se muita noção da crueldade desse gesto. Entretanto, a coisa passou de oito para oitenta, vendo-se gente transferindo todo seu carinho e afeição a seus peludos — e alguns nem tanto — bichinhos de estimação.

Quando vejo adultos comemorando seus aniversários com seus cachorros, com direito a chapeuzinho de palhaço e bolo com velinhas, fico pensando se o limite não foi ultrapassado, principalmente se considerarmos a cara de incredulidade do cão.

Vejo muitos bebês sendo lambidos por enormes línguas enquanto suas mamadeiras estão sendo esterilizadas. Vejo adultos se relacionando com feras, e muitos acabam sendo feridos ou mortos por elas.

Tenho um respeito enorme pelos animais, assim como respeito todos os nossos acompanhantes na viagem da Terra pelo infinito. Estamos literalmente no mesmo barco e, definitivamente, estamos entrelaçados. Tudo está em harmonia, ou deveria estar. Bicho não é gente. Pode até ser melhor, mas não é igual.

Tenho uma filha veterinária que já gostava de tratar dos animaizinhos desde criança. Lembro-me de que, certa vez, visitamos uma desova de tartarugas, e enquanto milhares de bichinhos corriam em direção ao mar ela tentava ajudar uma que tinha um defeito na nadadeira dianteira, o que a fazia andar em círculos, colocava o dedinho atrás da patinha defeituoso para ajudar na caminhada. Não tive coragem, na ocasião, de dizer que a pobrezinha nunca sobreviveria.

Pois bem, ela nunca se conformou e resolveu estudar muito, virou professora e doutora e se empenhou tanto que se casou com seu professor da faculdade. Finalmente, junto com outros membros da família, está abrindo um centro de tratamento de animais, uma clínica veterinária de ponta como as que ela conheceu nos melhores centros de veterinária do mundo.

Ela, e os irmãos que são sócios, foram a fundo para trazer o melhor na área técnica, instalações e divulgação, mas pra mim, para se tratar de saúde isso não basta, há que se ter algo de especial: amor, competência, dedicação e seriedade.

Estou certa de que nenhuma tartaruguinha será deixada para trás.

## Amor incondicional

Lembro-me de uma pessoa que há muito anos, por ocasião do falecimento de minha mãe, com a intenção de mitigar minha dor, mas com suas palavras obtendo justamente o efeito contrário, me disse: "Você perdeu a única pessoa que te amou incondicionalmente".

Aquelas palavras calaram fundo em meu peito.

Podemos ser amados por muitos motivos: um bom patrão, por sua generosidade e bom trato com seus funcionários; os pais, por terem sido presentes, amorosos, bons educadores; os professores, pelo carinho na transmissão de seus conhecimentos; um esposo ou esposa pela atenção e cuidados com o lar; um namorado ou namorada por seu carinho, lealdade e sensualidade; os amigos pela disponibilidade para lazer e companheirismo. Mas, amar incondicionalmente, somente uma pessoa ama: a mãe.

Ela te ama ainda antes de você ser, te ama ainda no desejo de sua existência, te ama apesar dos desconfortos da gestação, transborda o peito ao primeiro choro, esquecendo sua própria dor.

Nas primeiras manifestações de vida, que, convenhamos não são nada agradáveis, como o choro, os arrotos e regurgitos, examinam cuidadosamente as fraldas sujas, achando lindo quando está tudo a contento. As noites em claro, sem trégua, apesar de estar se recuperando do parto, parecem solidificar ainda mais suas relações com aquela criaturinha ainda desconhecida. Os seios fartos de leite, inchados e doloridos, são ofertados muitas vezes em meio a lágrimas de dor, mas o olhar de carinho embotado pelo choro ali está.

Para sempre indelével em minha memória está a primeira visão da carinha de minha primeira filha, ainda na mesa de cirurgia. Seus olhinhos oblíquos escuros na carinha inchada me pareciam os de um ser de outro planeta, outra galáxia, outro plano, divino, talvez.

Amei esse bebê e ainda amo muito. Pensei que nunca mais teria esse sentimento, até que veio o outro e mais outra, cada um amado particularmente, exclusivamente, um amor que só cresce, se multiplica, infinito, parece haver um coração especial para cada um.

Por isso, quando se perde um pai ou uma mãe amada, você que foi amado assim se vê perdido, sem rumo e sem esteio. Mas precisa estar certo de que o corpo, muitas vezes castigado pela idade e doenças, finalmente libertou a alma — que estará sempre com você, e agora expandida, voltou para de onde veio, o tudo, o todo, o aqui e agora.

Nesse momento de expectativa de mais um bebê chegando, em meio às agonias de um final de gestação, já antevejo o olhar de minha filha para sua Isadora. Minha neta já pode contar com um amor infinito, que vai durar por toda a eternidade.

Um abraço e uma homenagem singela aos amigos que esta semana perderam seus pais.

# O Porco Feliz

Quando chega esta fase do ano em que o mundo vai acabar me sinto meio assim…

Está todo mundo alucinado, correndo de lá para cá feito barata tonta, ninguém tem tempo para nada e TEM que se confraternizar com muitos grupos de amigos, colegas de trabalho etc., dando a sensação de que tudo é um fardo. Isso, sem contar as inúmeras compras que se TEM que fazer para todo mundo, satisfazer uma lista interminável de familiares e agregados, mais funcionários do trabalho, colegas, funcionários do banco, do cabeleireiro, carteiros, entregadores de jornal, até os cobradores e medidores de luz e água são agraciados com qualquer *boderega* que se possa encontrar. Tem gente que não consegue parar, sempre TEM alguém faltando. Tanta má vontade só pode fazer mal. Melhor nem sair de casa.

É por isso que me sinto meio assim… Não sinto essa necessidade de comprar, aliás odeio fazer compras, então providencio o mínimo indispensável em outubro, inclusive considerando as embalagens, e, daí, relaxo. Meu marido não se conforma muito. Tadinho. Nasceu assim, preocupadinho por natureza, se preocupa por nós dois e mais o resto do mundo. Quer agradar a todos. Tadinho outra vez, pois nunca vai conseguir, mas isso não o impede de tentar.

Vou confessar que me sinto meio por fora. Tenho a sensação de que estou perdendo alguma coisa, algo que os outros sabem e eu não.

Todos os anos faço a festa de Natal em minha casa e sempre dá mais ou menos certo, mas nem assim param de se preocupar. O cardápio é meio repetitivo, também, quem é que vai se lembrar de fazer presunto tender à Califórnia em outra época do ano? Nem peru, pois não temos o hábito salutar do *Thanksgiving* por aqui. Para mim todo dia é de agradecer, até pelas coisas ruins, pois sempre poderiam ser piores.

Bem, este ano, como nos outros, resolvemos combinar um dia para resolver o menu. Decidimos, para variar, fazer um pernil. Daí, tem que comprar!! Onde? No açougue escorchante aqui perto.

— Nem pensar, cê tá louca? Compre no Mercadão Central.

— Louca é você. Não vou lá nunca, muito menos nesta época.

— Eles mandam entregar na sua casa, daí você põe no freezer até a antevéspera, depois tempera e põe na geladeira.

— Assim é melhor.

— Você liga pro Porco Feliz e pronto.

Fala sério. Que nome é esse? O pessoal está mesmo a fim de zoar com a gente. Me deu uma vontade de rir tão grande que resolvi desligar o telefone pra poder rir mais à vontade. E como imaginação é o que não me falta, já idealizei o logo da loja: um porquinho vestido de bailarina na pontinha do pé — ou patinha — segurando um cacho de uvas numa mão — ou patinha — e na outra uma garrafa de cachaça, que estamos no Brasil, afinal. Tolinho, nem sabe o que o espera: em vez de uvas, uma maçã.

Já que estou no tema, vou aproveitando para desejar tudo de bom para meus leitores neste fim de ano, e no ano que vem também, pois na próxima semana só deus sabe sobre o que vou escrever. Presentinhos, nem pensar, pois vocês não estavam na minha lista em outubro.

# Voo 1211

O aeroporto de Brasília é para mim um lugar de exploração mental. As pessoas que por ali circulam nos fazem pensar sobre suas origens e destinos. Lembro-me sempre daquele filme "Guerra nas Estrelas", onde havia um bar em que criaturas de toda a galáxia, de todas as cores do arco-íris e formatos mais incríveis — me chamava a atenção uma fêmea de três lindos seios — se reuniam para tomar um drink em perfeita harmonia.

Executivos de pasta proliferam ali com seus respectivos aparelhos celulares pregados à orelha, alguns gritando ordens de longe, outros mostrando em suas fisionomias que as coisas não estão saindo de acordo com suas expectativas. Políticos a granel, todos vestindo ternos muito bem talhados, parecem estranhos como o mestre-sala e a porta-bandeira de escolas de samba com roupas do tempo do império.

Hoje se observa também pessoas de origem muito simples, principalmente mais velhas. Têm uma aparência meio assustada, pois a locomoção por avião não lhes parece muito familiar, e também estão de posse do celular, mas com dificuldade para se comunicar, em altos brados, como se a pessoa do outro lado "da linha" estivesse com problemas na recepção. O celular, creio, já é hoje o objeto de desejo de todo brasileiro, mas o mais interessante é ver que as roupas que usam frequentemente não estão de acordo com seus tipos físicos. Isso, para mim que durante muitos anos trabalhei no ramo da moda, dá tratos à bola.

Nesse fim de semana em que lá estive pude observar que ao lado de uma linda moça loura, bem alta e muito bem vestida, no grito da moda, com uma saia longa de linho na cor cru (para os homens um branco meio encardido) e uma sandália de plataforma que a deixava pelo menos uns quinze centímetros mais alta, havia uma outra muito morena, de um tipo meio índio, com cabelos negros e lisos, mas muito armados, de sandália rasteira e com uma saia jeans tão curta que serviria talvez de cinto para a primeira. Era gorduchinha e parecia ter caído de pé de uma grande altura tendo ficado achatada, me lembrei daquela canequinha cantada pelo Simonal, o mug (somente os da melhor idade vão me entender). Estava acompanhada pela filha adolescente que seguia par e passo o estilo da mãe. Coitadinha. Seu tipo físico pediria outro gênero completamente diferente de indumentária, algo que lhe valorizasse a bonita cor de jambo e lhe alongasse a silhueta. Precisaria também domar as melenas.

O voo atrasou, é claro, e depois de ler alguns capítulos do ebook em meu tablet, não tive alternativa a não ser continuar a analisar as pessoas.

Agora, justamente ao contrário, vi uma moreninha com um terno muito bem talhado, de acordo com seu tipo físico e com a atividade que estava exercendo, pois parecia estar a trabalho. Os cabelos presos na nuca lhe conferiam uma aparência elegante. A maquiagem leve lhe realçava a cor.

Fico sempre dando tratos à bola e criando histórias para vida de cada um. O que as estaria levando para tão longe dali? Jovens casais se abraçando, torturados por uma saudade que já pressentem, se demoram em carícias e o choro rola solto. Mães atormentadas pelas crianças que, impacientes, também choram, outras correndo e fazendo alarido. As observações dariam matéria para muitas outras crônicas, mas para não entediar o leitor, vou ficando por aqui.

Essa atividade me ajudou sobremaneira a passar o tempo em que fui obrigada a tolerar a falta de organização da companhia aérea e as deficiências do aeroporto da Capital do Brasil.

# De quem eu gosto

Podem parecer as primeiras palavras de um fado antigo, cujo autor dizia não compartilhar essa informação nem com as paredes. Eu, entretanto, hoje vou dizer de quem eu gosto: de gente boa.

Tem pobre de quem gosto e tem pobre de quem não, tem rico de quem eu gosto e tem rico de quem não, mas sou obrigada a confessar que não gosto da pobreza. Ninguém gosta.

A pobreza humilha, degrada, traz insalubridade, induz alguns à desonestidade e à corrupção — não que esses malfeitos não sejam cometidos também pelos mais abastados. É como eu digo: gente é igual em todo lugar e em qualquer classe econômica.

Vejo com tristeza a intenção de dividir nosso país por região, por classe econômica, por cor, colocando as pessoas umas contra as outras. Creio que todos têm seu papel na sociedade: há os que geram mais riquezas e também mais impostos, que deveriam ser utilizados na distribuição desses recursos; há os que por suas características pessoais, geram menos ou nenhuma riqueza, mas têm que ser amparados; e há os que, se tivessem oportunidades melhores, poderiam mudar sua condição ajudando a construir uma economia crescente e mais forte. Exatamente como numa família.

É aí que eu me bato. Por que recursos são desviados de infraestrutura, saúde, educação e segurança para cofres alienígenas? Por que com tantas necessidades dentro de nossa nação estamos financiando governos tirânicos e antidemocráticos? Por que gente que diz ter lutado tanto pela nossa democracia aceita de bom grado que outros povos estejam submetidos à prisão de seus governos, sem oportunidades de opção?

Como é que, apesar da ampla divulgação de toda a corrupção que impera dentro do próprio Palácio do Planalto, quase metade do país ainda apoia esse governo? Só pode ser lavagem cerebral.

São muitos questionamentos.

Estou certa de que se os ricos fossem indagados, responderiam que prefeririam que não houvesse pobreza, e mais, muitos estariam dispostos, mesmo sem a obrigação do pagamento de impostos, a abrir mão de parte de seus proventos em prol dos menos abastados.

Em contrapartida, todos os pobres querem ser ricos. Como resolver essa equação? Eu tenho cá pra mim que além de fornecer o mínimo básico para a sobrevivência, que acaba acorrentando o beneficiário, seria necessário oferecer também saúde preventiva e, principalmente, educação. É necessário ter conhecimento para poder decidir.

Termino esta crônica-desabafo com muita esperança de que o Brasil saia vencedor no próximo domingo. Vou votar de verde-amarelo.

# A Fúria

O que é isso? Como é que vão me empurrando assim?

Estava muito quieto no meu canto, sem perturbar ninguém, e agora é essa falta de respeito? Será que não me conhecem?

Costumo ser muito pacato e nunca procuro encrenca. Todos já sabem que tenho esse gênio meio arredio e não gosto de companhia: se não me incomodam, também não procuro confusão. Já se algum mais abusado começa a se chegar, deixo bem claro que não estou satisfeito. Como sou muito grande, todos evitam confronto e me deixam em paz, mas hoje… O que é isso?

Costumo viver afastado, entretanto parece que agora resolveram me importunar. Prefiro evitar o confronto e rapidamente me afasto. Eles me perseguem, me obrigam a mudar de rumo para evitar o embate com esse pessoal esquisito.

Ao fim da correria, me sinto encurralado e me volto contra eles, gritando bem alto, avançando em sua direção. Parece que consegui amedrontá-los, pois eles se afastam, mas logo em seguida continuam a perseguição. Não tenho outra saída a não ser tentar me esconder logo após esse portão. Eles o fecham logo atrás de mim e passam para dentro, me empurrando e cutucando, até que entro num veículo que já estava lotado. Sinto-me muito incomodado, pois detesto aglomeração. Vou ficar bem calado para não chamar atenção sobre mim.

A jornada é longa e extenuante, principalmente por eu não saber o que me aguarda. Quando finalmente chegamos ao nosso destino, nos expulsam do veículo com violência. Sinto-me inseguro, pois nunca lidei com situação semelhante. Somos encaminhados para um local que já está repleto, e lá nos deixam sem comida ou bebida por muito tempo. O cansaço é tanto, que dou umas cochiladas em pé mesmo, encostado na cerca, atento a qualquer movimento ou barulho estranho.

Anoitece, e com o escuro parece que tudo piora, um barulho que vai aumentando aos poucos até que atinge um ponto em que fico totalmente atordoado. Começa nova perseguição, e no meio de tantos, parece que me escolheram de propósito.

Fazem-me entrar num cubículo onde mal dá para respirar. Minha respiração está pesada e rápida, e com o pouco espaço bato minha cabeça nas vigas de madeira que me cercam. Não sinto nenhuma dor, nada além de um nervoso muito grande, e muito, muito medo. Lá vêm eles novamente, agora parece que nada temem, pois sabem que estou imobilizado. Começam a me manipular e passam uma correia em torno de minha cintura. O medo cede lugar a outro sentimento: raiva. Com que direito?

Mesmo com pouco espaço me debato, mas não consigo me libertar. Chega mais um, com um cheiro horrível. Ele também está com medo, mas parece determinado a me subjugar, tão pequeno e tão atrevido! Vem por trás e me agarra com as pernas. Nesse instante, sinto uma dor lancinante ao mesmo tempo em que uma porta se abre; posso fugir com essa criatura pregada em minhas costas e algo que me aperta a virilha. "Fúria", é o meu nome nesse instante. Corcoveio e chuto o ar para todos os lados, mas o infeliz não se desprega e ainda me dá uns chutes nos ombros a cada vez que sobe e desce.

Nossa dança é macabra. Para mim, parece triste de se ver, mas parece que os companheiros da infeliz criatura que tenho em cima estão muito satisfeitos, pois gritam ininterruptamente. A cada corcoveio sinto que estou ganhando espaço, e, finalmente, jogo longe meu adversário e vou ao seu encalço.

Agora que estou livre, ele me paga! Muitos outros entram na arena e me distraem com suas roupas coloridas. Não sei a quem vou atacar. Meu contendor está estirado no solo, em uma posição esquisita, Quero atacá-lo, vou enterrar meus chifres fundo em seu peito, mas sou atrapalhado por esses palhaços que me desviam a atenção. Estou furioso, bato minhas patas no chão. Retiro-me, sendo escoltado. A vergonha é tudo o que me resta.

Alguns touros acabam morrendo nos rodeios devido ao estresse. No pasto, são criaturas magníficas.

# A ALEGRIA

O garotinho entra na sala cheia de adultos, e sua expressão é de perplexidade. Há tanta coisa que ele não sabe…

Qual o significado de todas essas pessoas juntas em sua sala? Nesse momento, as gentes grandes começam a cantar uma música — essa já é conhecida, vem sendo repetida incessantemente pelas duas mulheres que estão sempre por perto cuidando para que tudo esteja em ordem para ele. Essa música dispara um gatilho e o bebê instantaneamente começa a bater palmas, tentando acompanhar o ritmo ao mesmo tempo em que abre um sorriso quase sem dentes. Algo acontece em seu corpinho que causa um estremecimento, enquanto ele olha a todos em frenesi. A sensação é muito boa.

A luz foi apagada e somente uma vela ilumina o ambiente. O garotinho olha também para o lugar onde havia luz e, de repente, sumiu sem que ele entendesse. Sua mãe, que o carrega no colo, diz para ele fazer alguma coisa, mas embora ele até sinta o que ela quer, ainda não consegue assoprar uma única vela. Ele quer sentir mais essa sensação e recomeça a bater palmas; todos ao seu comando recomeçam o "parabéns".

A sensação que ele tem é de alegria, mas ele ainda não sabe. Não sabe também que é o único animal na face da Terra que conhece esse sentimento. Até quando será capaz de suportar esse estado de euforia sem se cansar? Não muito. Logo estará chorando e pedindo descanso.

A alegria pode ser considerada o melhor sentimento que uma pessoa pode ter. Não vamos considerar aqui sentimentos mais nobres, como amor, compaixão etc. Estou falando de satisfação! Na alegria, todo o nosso corpo fica feliz, se manifesta tão intensamente que parece que não podemos ficar contidos dentro dele e temos que gritar, pular, correr, rir, até extravasar tudo. Depois, ficamos com aquela sensação boa.

Esse sentimento, como todos os outros, se manifesta com mais intensidade na infância e adolescência. Os jovens estão sempre prontos para rir e gargalhar, é só juntar duas ou três garotas e logo pode-se ouvir seus gorjeios; os garotos também, em seus jogos riem de tudo. Vários podem lembrar o júbilo de ver seu nome na lista de aprovados para a faculdade, ou na convocação para um campeonato esportivo: normalmente levam a mão à boca em incredulidade e logo explodem em risos, saem correndo para compartilhar a alegria.

A alegria desperta a generosidade ao invés do egoísmo, pois quanto mais compartilhada, mais aumenta. Um beijo muito esperado também nos faz querer sair dançando. O riso traz saúde, nada de mal se pratica quando se está alegre. Não se ouve falar de um assassinato ou crime quando o agente estava alegre.

Acredito que por toda a nossa vida devemos cultivar esse sentimento. Embora ele surja com mais facilidade na juventude, podemos criar mecanismos que nos levem a ele, como, por exemplo, nos cercar de pessoas de bem com a vida, praticar esportes e comemorar resultados intensamente, manter amizades de tempos antigos, pois os casos marcantes, mil vezes repetidos em encontros com ex-colegas, nos fazem rir, sempre.

Todos passamos por problemas, mas se logo os deixamos de lado em nossa memória, e não os repetimos à exaustão nem ficamos escutando casos de tristeza e doença, eles parecem se esvanecer, perdem sua importância.

Espalhemos pois a alegria. Afinal, hoje é um bom dia para isso.

# O MEDO

Hoje acordei estranha, sinto uma insegurança que não é minha. É assim como um tremor na alma, uma inquietude que me faz caminhar sem rumo, lentamente. Estou até meio desajeitada, fazendo ruídos que não costumo ao me movimentar. Essas folhas secas e gravetos estalando enquanto caminho, cuidadosamente, não deveriam revelar minha presença.

Não sei por que me vêm à memória fatos de minha juventude. Eu costumava brincar por aqui, mesmo quando era ainda um bebê, junto de meu irmão gêmeo. Rolávamos pela grama macia sob o olhar meigo de nossa mãe, que raras vezes se mostrava irritada e nos indicava por gestos mais rudes, ou mesmo sons indicativos, que deveríamos nos portar de maneira diferente e ficar por perto dela.

São boas lembranças, mas me deixam ainda mais triste. Hoje, eu é que tenho que assumir toda a responsabilidade por cuidar da minha prole, uma faina ininterrupta e sem descanso. Para as mães não há fim de semana, todos os dias são de trabalho. No tempo de minha mãe, que já não vejo há muito tempo, as coisas eram mais fáceis. Nossa casa era muito erma, e apesar de nosso pai ter abandonado nossa mãe antes até de nosso nascimento, ela parecia não se importar, e dava conta de cuidar de tudo sozinha. Nossa casa estava sempre em ordem e segura.

Depois do período de amamentação, sempre estava com nossas refeições na hora.

Parece uma sina, pois também fui abandonada pelo pai de meus filhos, e apesar de não ter me importado na época, hoje em especial sinto falta de alguém que me ajude e proteja a mim e à minha prole.

Este sentimento me irrita profundamente, pois eu deveria ser mais forte e independente. Lembro-me do dia em que meu irmão, após uma contenda comigo, deu-me as costas e começou a caminhar sob meu olhar inquisitivo. Ainda ensaiei uns passos atrás dele, mas quando ele tomou aquela estrada empoeirada, vi que estava determinado a não olhar para trás. Nunca mais o vi, nem tomei conhecimento de seu paradeiro. Poderia reconhecê-lo entre milhões, somente por seu cheiro característico.

Não sinto nem apetite, acho que hoje não vou comer. Não temos nada em casa, mas não me sinto tranquila o suficiente para sair e deixar meus filhos sozinhos; aliás, quero-os sob meu olhar o tempo todo.

Em um de meus volteios, escuto um som que não deveria, e ao me voltar me deparo com uma criatura que nunca tinha visto. Por um instante, cruzo meu olhar com esse ser e vejo medo. Eu também estou com muito medo, mas sei que posso encarar esse intruso, pois seu porte não é grande. Estou temerosa de que meus filhos façam algum ruído, pois ficaria mais difícil protegê-los.

Ele faz um movimento e eu me preparo para avançar em sua direção, quando escuto um som muito alto, ao mesmo tempo em que sinto uma pancada e um ardor em meu peito. Ainda avanço um pouco quando ouço novamente o barulho... e outro baque. Já não consigo mais me mover. Caio de lado e sinto algo quente escorrendo na minha frente, minha pele tão bonita ficando suja com aquela substância escura e as manchas pretas sob o fundo ocre perdendo sua beleza, os pelos ficando grudados.

Ainda tento me limpar lambendo o local de onde sai

aquele visgo. É inútil. A criatura se aproxima, apontando algo para mim. Ainda tento me mover, faço um esgar e ela para por alguns instantes, amedrontada. Minha visão começa a ficar turva e logo já não consigo mais divisar nada ao meu redor. Ainda solto um grunhido de advertência aos meus filhotes.

*** 

A onça pintada é o maior felino da fauna brasileira. É um animal magnífico, e deve ser respeitado e protegido por nós.

# Ressaca

Esta semana não sei se agradeço ou renego a sugestão de crônica que recebi de um amigo por quem tenho muito apreço.

Sou uma ignorante total a respeito do tema, por dois motivos: não costumo beber, e quando bebo não costumo exagerar, mas não digo que nunca aconteceu; o segundo é que tenho um sistema digestivo excelente, que me livra dos inconvenientes de alguma eventual escorregadela, portanto, nunca tive uma ressaca. Mas vou escrever sobre como imagino que seja.

\*\*\*

Quanto mais me debato mais me sinto preso nesse lamaçal claro. É pegajoso, e meus esforços só fazem piorar a situação. Se não tivesse certeza de que estava acordado, suporia que era hora de dar aquela inalada violenta de ar para sair do pesadelo. Para completar minha agonia em branco, o barulho ensurdecedor de canhões explodindo metodicamente bem dentro de meu cérebro me trouxe a certeza de que estava enlouquecendo.

O visgo pastoso entra em minha boca causando náuseas; penso que os momentos que antecedem a morte devem ser assim. Os olhos estão pregados, e o esforço que faço para abri-los aumenta ainda mais a dor nas têmporas. A cada estrondo, o estopim chega ao fim e o ribombar multiplica a dor, que se torna insuportável a ponto de me arrancar aos poucos dessa armadilha.

Os olhos são os primeiros a conseguir se desvencilhar, e quando consigo abri-los, só um pouquinho, a luz que antes era difusa torna-se aguda, penetrando minhas pupilas tão profundamente que me sacudo todo num estremecimento, virando o pescoço num supetão na tentativa de fugir do clarão.

Nessa nova posição, a claridade é menos intensa; e crio coragem para fazer nova tentativa, abrindo somente um dos olhos e, mesmo assim, muito pouco e por pouco tempo. Nada piorou, e isso me encoraja nova tentativa — dessa vez abrindo um pouco mais e por mais tempo, e logo abrindo o outro também.

Os pensamentos estão embaralhados, e os neurônios embotados tentam se conectar para formar uma imagem do lugar onde me encontro. Outra coisa que incomoda bastante é o cheiro fétido do lugar. Se tivesse forças, já estaria passando mal, mas nem isso. O lugar para onde olho não me dá nenhuma indicação.

*Foco, cara! Procure o foco!*

De tanto forçar, consigo ver que estou de frente para um teto branco. Giro os olhos e consigo ver também uma parede que reflete a luz do sol, e isso me obriga a voltar meu olhar para o teto. O estrondo continua, agora mais inteligível, estou começando a me situar e chego a uma conclusão:

*É ressaca. Esse barulho só pode ser ressaca do mar.*

Por que será que pensei isso? As ressacas nunca me causaram tanta dor de cabeça, pelo menos as do mar. E uma ideia começou a se formar.

*É capaz de a minha situação não ser tão desesperadora.*

Movo devagar a cabeça à custa de muito sofrimento, e começo a perceber onde estou. Não é nenhum lugar que eu conheça, mas dá para ver que é uma sala e que me encontro deitado no chão e sem camisa.

*Será que estou vestindo alguma coisa?*

Tento mover a mão direita, mas estou deitado sobre ela, então faço nova tentativa com a esquerda, que encontra o tecido grosso de brim de minhas calças. Já é um alívio. Continuo movendo a mão, que sente o carpete sobre o qual me encontro. A mão passa também por algo escorregadio e pastoso, e faz exalar o mau cheiro. Viro com mais facilidade a cabeça para o outro lado, para escapar à pestilência. Esse novo ângulo me permite uma visão mais geral do cômodo. Caos total, uma desordem desoladora. Eu, apesar de não ser muito organizado, detesto desarrumação.

*Preciso sair daqui.*

Giro o corpo para soltar a mão que está presa e me apoio nela para me levantar. Quando o faço, sinto a nuca latejando, mas não esmoreço até ficar sentado. E assim permaneço por mais uns instantes, até levantar de vez e me sentar num sofá malcheiroso. Vejo meus dois amigos na mesma situação. Vou até a janela. De lá, posso ver o mar altivo, mostrando toda a sua força explodindo contra as pedras. E penso: *Ainda estou vivo!*

\*\*\*

Mãe e filha estão no ponto de ônibus, checando a lista das compras que teriam que fazer ainda esta manhã. Haviam se levantado cedo, ainda estava escuro; passaram um café forte para dar ânimo. A moça, nesse instante, olha para frente e tem uma visão de um carro desgovernado, dirigindo-se célere e em alta velocidade em sua direção. Ainda solta um grito antes do impacto.

— Que foi, filha?

— Nada mãe. Só um mal pressentimento, que não aconteceu.

\*\*\*

Escuto meu amigo chamando:

— Cara! Cê tava endiabrado a noite passada. Brigou com

todo mundo e escondeu a chave do carro, obrigando a gente a dormir nessa espelunca.

— Tudo bem, cara. Tá todo mundo vivo.

# O CASAMENTO PERFEITO

Todas as semanas, na hora de escrever minha crônica semanal, entre outros problemas me vejo na dificuldade de escolher o tema. Felizmente, após alguns tropeços aqui e ali nas palavras, nos gerúndios de verbos mais do que imperfeitos, tenho ao longo do tempo amealhado algumas pessoas que me acompanham. Alguns, timidamente, não fazem comentários, mas aqui e ali vou sabendo que leem o que escrevo; outros, mais dispostos a isso, criticam e compartilham com seus amigos, o que me alegra, pois vou abrindo meu leque de leitores.

A maioria é extremamente doce comigo e não critica. Agora dei para ter alguns que sugerem temas, que rapidamente aceito — já que é do interesse do leitor e também porque me facilita muito, portanto, amigos, não se acanhem. O tema de hoje foi trazido à baila pela Cláudia, uma nova velha amiga, que sugeriu que eu falasse sobre o casamento perfeito.

Deixem comigo. Eu sei tudo sobre isso, e já vou dizendo de uma vez por todas, ou melhor, gritando, em letras garrafais: CASAMENTO PERFEITO NÃO EXISTE!!

Quando você vê um casalzinho aos arrulhos, pode ter certeza de uma coisa: muito trabalho e inteligência, estratégias de dar inveja a qualquer Napoleão foram criadas e aplicadas, muito sapo foi engolido, uma paciência de deixar Jó no chinelo foi testada, noites de insônia dando tratos à bola para decidir se tudo isso vale mesmo a pena. A resposta, nesse caso, é sempre afirmativa. Os casais bem-sucedidos sempre perseguem, como predadores implacáveis, um único objetivo: isso tem que dar certo.

Nesses casos, o que existe é comprometimento, uma vontade inexorável de que a relação seja um sucesso. Perseguir esse objetivo todos os dias, em todos os momentos, saber ler nas entrelinhas, conhecer o parceiro a ponto de saber quando este está a ponto de explodir e saber se recolher, deixar para voltar à conversa em outra ocasião — escolher continuar na disputa numa hora dessas é pedir encrenca; nunca se chegará a nada de construtivo a partir daí. Nos piores momentos, aqueles em que você quer esganar seu par, lembrar-se de que você o ama e por quê. No começo é mais difícil, mas, com o tempo, a prática ajuda: sempre beijar o sapo várias vezes, até que ele vire príncipe, no caso das princesas; e no caso dos príncipes, esperar com paciência que aquela megera desconhecida volte a ser o anjo por quem se apaixonou. Nunca se perder nos percalços, e nunca entregar sua alma: esta tem que ser livre, tem que ser feliz, tem que ser altiva. Nunca abrir mão do que é realmente fundamental: não aceite ser um apêndice de seu companheiro. Ninguém ama um apêndice.

Eu soube de uma moça cheia de verdades e arrogância que estava procurando por alguém, mas antes mesmo de conhecê-lo afirmava que o escolhido teria que passar no teste do cachorro e da faxineira; se não se dessem bem, era melhor nem tentar. Fico imaginando quantas outras exigências existiriam nessa cabecinha. Resultado: vai ficar sozinha.

Primeiro, abra seu coração, entregue-se, apaixone-se sem medo de sofrer, pois, vai, nessa guerra só os valentes alcançam a vitória. Lembre-se sempre de que você está nesse relacionamento porque a alternativa é ficar só, o que não lhe interessou; mas se achar que trocar de parceiro vai resolver o SEU problema, se engana, o próximo também virá com defeitos — e se for muito certinho, será *este* o seu defeito.

Todas as premissas anteriores valem para qualquer outro tipo de relacionamento, mas, se for amoroso, o fator preponderante, o mais importante, o super, hiper, mega, hurra!, hurra!, ui!, é, com certeza, o SEXO. Cada casal tem seu *timing*, sua frequência, sua maneira; só tem que funcionar bem para os dois. A maioria dos problemas será resolvida depois do sexo, principalmente para os homens, e isso não é uma crítica: simplesmente é assim.

Não faça propaganda, se não quiser perder o produto para a concorrência; e, por falar nisso, evite aqueles amigos que estão sempre perto — muitas vezes isso gera intimidades não desejáveis, já vi muitos casos do melhor amigo: "Nunca esperei isso, justo dele!!"

Esperava de quem? Do bonitão da novela? Aquele é impalpável. Só se cobiça o que está sempre por perto: a secretária meio feiosa, o colega de trabalho etc.

Nem vou falar sobre respeito, porque é assunto muito batido, mas lembre-se sempre de que respeito não se exige, se conquista. Não existe casamento perfeito, mas a alternativa nunca é tão interessante. Eu recomendo.

# Fico com a pureza

Eu já estava passando mal do fígado de tanta raiva, meus olhos mais amarelos que os da minha gatinha Samantha, ela nunca perde a fleuma, já eu...Também, quem aguenta os desafios de viver num país desgovernado? Contando com a morosidade da nossa justiça, na quase certeza de impunidade, todos acham por bem lesar os cidadãos.

Hoje, minha indignação é com a operadora Vivo (aliás, só pelo nome a gente já deveria desconfiar). Vocês acreditam que contratei um plano sem utilização de internet... — é meu direito, não quero navegar pelo telefone — pois bem, tudo ia às mil maravilhas, quando ganhei de presente do meu genro um iPhone antigo, acho que ele deve ter feito alguma macumba contra a sogra; e comecei a utilizá-lo normalmente, até que chegou a conta: uma enormidade de uso de internet.

Tentei, ai!, tentei mesmo me comunicar, via email e telefone. Fiquei plantada por horas, tendo que ouvir a propaganda deles, imaginem a raiva. Nada disso adiantou, pois a atendente, uma daquelas *gerúndias*, explicou várias vezes diante de meus protestos que quando você muda para um telefone daquele tipo, automaticamente, sem aviso prévio, começa a acessar a internet. Falei com a supervisora, não sem antes ter caído a ligação e eu tentado novamente um montão. Sem resultado. Fui a uma loja e um rapaz atencioso escreveu tudo o que eu tinha dito e encaminhou.

Depois de alguns dias, recebo uma ligação juntamente com e-mails, dizendo que por arbitrariedade deles estariam, como uma exceção, estornando o valor. Salve, salve! Fiquei muito contente, pois apesar de não ter feito nada de errado e perdido um tempo precioso, tudo acabou se resolvendo, até que... chegou a nova fatura. Surpresa!! Um outro valor astronômico pelo uso da internet de meses anteriores!

Voltei à loja, que disse não poder fazer aquele tipo de atendimento, mas que me colocariam em contato, por meio de uma engenhoca extraordinária, com *headset* e tudo, com uma atendente que eu via pelo monitor. Expliquei tudo outra vez e a vi dedilhando freneticamente, até que ela disse que estava vendo as minhas faturas, mas aquela, justamente aquela que teria os dados necessários, ela não conseguia ver. Me pediu licença e desapareceu da tela; voltou dizendo que eu tinha usado a internet por 3 dias em agosto e tinha gasto um descalabro por isso. Plagiando as facas Ginsu, "espere, isso não é tudo": como eu já tinha feito uma reclamação, não poderia mais reclamar por seis meses.

Parem o mundo que eu quero descer!

Mas não era sobre nada disso que eu queria escrever, sempre me perdendo nas linhas e entrelinhas. Estamos no dia das crianças, e é da sua pureza que eu quero falar. Estar em contato com esses serezinhos nos leva a questionar, de onde vieram suas almas? Já chegam com personalidade, nos encantam com sua *verdadeirice*. Estar ao lado de uma dessas criaturinhas nos traz paz de espírito, nos faz esquecer todas as mazelas que o mundo de gente grande carrega. O riso chega fácil em sua companhia, nos enchendo ainda mais de rugas, rugas bonitas, ao contrário das de preocupação.

As pessoas que têm dificuldade de acreditar em Deus podem se valer dessa artimanha: olhem bem dentro dos olhos de um fedelhinho, naquele abismo que dá até vertigem... e bem lá no fundo a gente se encontra com Ele. Ali está a harmonia que rege a vida; ali habita a paz sempre tão almejada e tão fugidia no nosso mundo adulto.

No fim, até que deu certo eu me perder, assim pudemos fazer a comparação entre o desonesto, o malandro, o safado, e o verdadeiro, o correto, o leal.

Vinde a mim as criancinhas!

# Quando você está perdido, qualquer vento é favorável

Quem descobriu Portugal?

Esta era uma pergunta que eu me fazia quando estava estudando história e a pergunta normal era "quem descobriu o Brasil". Eu achava que todos os países eram descobertos.

Bem, eu descobri Portugal. Em uma viagem de dez dias, conheci o país de minhas origens e uma dicotomia ainda maior do que a do Brasil. O passado deles é muito mais antigo, e o presente dentro da comunidade europeia é muito mais futuro.

Nas pequenas cidades costeiras, onde ainda se pode imaginar as caravelas, quase umas casquinhas de nozes, singrando ondas que se arrebentam contra os penhascos de pedras negras, fica-se imaginando a coragem daqueles homens, movidos pela necessidade de sobrevivência numa Europa conflituosa, onde a belicosidade os obrigava a construir fortalezas que hoje testam as panturrilhas e joelhos dos turistas mais bem preparados.

Em cada um daqueles senhores e senhoras, ainda vestidos como no século XIX, eu podia ver as atitudes de meus avós, a maneira de falar e os gestos abruptos tão característicos, mas que aqui no Brasil são entendidos como agressivos. A coragem e a força que muitos brasileiros têm para trabalhar vêm deles, e mais, a maneira tão direta de responder as perguntas por nós formuladas, deixando bem claro que se você quiser uma resposta correta, melhor perguntar direito.

Nos trabalhos caprichados de artesanato pode-se notar uma criatividade inesperada, aproveitando toda sorte de materiais recicláveis com engenhosidade e beleza. As cidades, pavimentadas com pedras brancas e brilhantes, dando a sensação de pós-chuva, ficam sempre muito claras, e mesmo seus becos mais estreitos nos convidam a apreciar as casas com balcões de ferro fundido, coalhadas de vasos de flores.

Nessa minha jornada tive a incrível felicidade de compartilhar a companhia de minha filha, que por um feliz acaso do destino teve um tempo entre suas atribulações e pôde me acompanhar. Foram muitos quilômetros rodados trocando ideias, outros tantos num silêncio compartilhado, tão característico dela como meu.

Saborear a cozinha típica em qualquer pequeno restaurante, ou até nos mais sofisticados, é sempre um prazer. Os pratos são em sua maioria de frutos do mar, já que durante todo o percurso se podia divisar o oceano e a quantidade enorme de pescadores. As bebidas mereceriam um capítulo à parte, pois os vinhos de excelente qualidade podem ser degustados com alegria, compondo com a comida uma incrível parceria.

De lá trouxe muitas fotos, lembranças e algumas garrafas de vinho que vão ajudar a mitigar um pouquinho essa saudade tão antiga, que eu nem sabia que tinha.

Isso dava um fado, hein?

# Peter Pans e Sininhos

Lamentável, a tristeza do rapaz que disse ter perdido toda a família e chorava copiosamente no enterro de sua mãe e irmã. Vou usar esse caso emblemático para levantar um assunto que tem me espicaçado ultimamente.

Vê-se pelas ruas da cidade, especialmente à noite, em frente a faculdades e barzinhos, hordas de homens e mulheres, praticamente senhores e senhoras, agindo como um agrupamento de adolescentes. Essas pessoas pensam estar, ainda, na época em que deveriam agir contra a ordem para poderem crescer física e mentalmente.

Hoje, já trabalhando, alguns com salários muito altos, empurram a vida para mais tarde, deixando a constituição da família em segundo plano com medo de perder o brinquedo. Estão perdendo o melhor da festa.

Como sempre, os que se pensam meninos, já barbados, exibem como pássaros a sua plumagem — carrões, motos, roupas de grife —, na intenção de atrair os olhares das mulheres *barbies* que, sem perceber, já perderam há muito o viço da juventude, e se agarram — com suas pernas fininhas, uns cambitos — aos sapatos de plataforma que lhes garantem vários centímetros a mais, enquanto abanam as melenas para lá e para cá, usando as mesmas gírias que se ouvem nos pátios do colégio.

Os pobres adolescentes verdadeiros não têm mais espaço para se manifestar, pois, por mais que se esforcem, não conseguem se rebelar com maneirismos e modas extravagantes, já que os adultos imediatamente os copiam.

As drogas correm soltas, pois não há como aguentar tanta futilidade sem alguma ajuda. Em seus círculos, criticam os políticos, a corrupção, a violência e as drogas, sem ao menos considerar que são eles próprios que deveriam estar lutando e dando o exemplo de uma vida rica em valores. Usam drogas lícitas e ilícitas, as lícitas sem responsabilidade, as ilícitas investindo para que o tráfico exista, trazendo em seu bojo tudo o que há de pior. Quando lamentam a morte de algum colega durante um assalto, esquecem que o resultado do butim é justamente usado para incrementar o mercado das drogas que eles mesmos ajudaram a fomentar.

Os mais velhos ainda, pais dessa geração, são os responsáveis por esse resultado. Achavam que tinham que ser amigos dos filhos, mas, não! Tinham que ser pais! Ensinar valores, exigir respeito, proibir as drogas chamadas leves, pois a partir destas muitos entram num mundo escuro de onde não conseguem mais sair, levando consigo criancinhas espalhadas pelo centro da cidade com as cabecinhas cobertas — parecendo saídas de filmes de ficção de um futuro que já não há.

Foi assim que um desses, de trinta e três anos, decidiu beber e depois dirigir, e sem controle ceifou as vidas de duas mulheres indefesas na calçada. Estivesse preocupado com o que fazer de sua vida inútil, certamente estaria fazendo melhor.

Se é apropriado comparar esses rapazes a Peter Pan, o menino que não queria crescer, acrescento que essas mulheres podem ser comparadas à Fada Sininho, pois são estridentes e se acham as donas da varinha mágica.

Atenção, pessoal: a vida não é conto de fadas. E quando o pozinho de pirlimpimpim acabar, o tombo será grande.

# As duas caras da coroa

Nos últimos dias tive a felicidade de participar de três eventos absolutamente diversificados. As moedas que compõem a riqueza de minha vida têm várias caras, daí o título que escolhi para esta reflexão. Passarei a narrar o que aconteceu.

No último domingo participei de um campeonato de *beach tennis*. É um esporte novo no Brasil, muito praticado nas quentes areias das praias exuberantes do Rio, que conjuga o vôlei, o frescobol e o tênis. Não é para qualquer um, pois ficar correndo e saltando na areia fofa exige pernas de avestruz. Bem, do tal torneio participaram moços e moças a partir de 18 anos; considerando agora, acho que eu era a mais velha da turma, mas não houve em nenhum momento discriminação de qualquer tipo, fosse de sexo, fosse de idade ou de categoria de jogo.

O DJ Jacaré mandou muito bem no som, que agradou a todos. Foi um domingo cheio de alegria, com esporte, chá gelado, refrigerante e cerveja. A energia contagiante recarregou minhas baterias. Não ganhei nenhum troféu, mas no próximo campeonato podem me aguardar, não vai ficar assim.

Na terça tive um encontro com os ex-alunos do Caetano de Campos, colégio público considerado o melhor do Brasil nos idos tempos até a década de 1970. O pretexto foi uma homenagem ao médico que dá nome à escola, pelo 120º aniversário de sua morte. O evento foi programado, com ansiedade e animação, por alguns integrantes do Facebook, e acompanhado de perto no site, onde se trocaram fotos amareladas e informações sobre colegas não vistos há muito.

Alguns professores em idade bastante avançada lá estiveram e foram homenageados; acredito que receberam suas placas comemorativas com bastante emoção. Naquele dia, a Praça da República, que abriga o prédio suntuoso que foi ocupado pela escola e viu as tropas do exército na década de 1960 atropelando revolucionários e aterrorizando os alunos, pôde testemunhar a alegria de senhoras circundando a praça de braços dados, entoando canções vencedoras de festivais que na época faziam a alegria da turma. Essa coragem só temos agora, pois morreríamos de vergonha na época. Mais um benefício que a idade nos traz. Tenho certeza de que minha idade era mediana se comparada aos colegas.

E na quarta, finalmente, estive reunida com as senhoras que compõem as voluntárias do Departamento de Assistência Social do Clube Pinheiros. São mulheres que dedicam uma tarde por semana a trabalhos manuais que, vendidos, são convertidos em benefícios para as famílias dos funcionários do clube. Há algumas até com mais de 90 anos que ali encontram as amigas, tomam um lanchinho, batem um papo colocando as novidades em dia. Essas pessoas também são beneficiadas pela inclusão.

Prestamos serviços de reciclagem, onde material antes considerado lixo é transformado pelas mãos competentes e carinhosas dessas mulheres em verdadeiras obras de arte: são centenas de enxovais de bebê, blusas, gorros e luvas de lã, tricotados com Pontos de Amor (grife da oficina), e também mantas, almofadas e cobertores compostos de retalhos, sobras de confecções. Lá sou considerada uma quase criança, que traz novas ideias e agita o ambiente.

# Segunda-feira, o jogo

Acabei de assistir a um jogo de tênis incrível, entre Nadal e Jokovic. A maioria das pessoas não se importa com o esporte, mas minha crônica tem mais a ver com outra coisa: a incrível capacidade que nossa mente tem de exercer domínio sobre nosso corpo.

São dois homens muito bem preparados física e tecnicamente, mas quem ganha o jogo é a mente, a mais forte, a que naquele momento está mais decidida: quando as pernas estão exaustas, mandando mensagens ao cérebro ininterruptamente para que cesse o movimento, ainda assim a vontade de vencer determina que não, o jogo tem que continuar. A fadiga se apresenta e as dores surgem, mas mesmo assim o guerreiro continua… quando, de repente, um fato extraordinário surge, quebrando a concentração.

Daí, um elo se rompe e vem tudo abaixo de repente. Aquele que não está preparado para isso, ou que tem uma personalidade mais ingênua, cai na armadilha. No caso desse jogo, especificamente, foi a entrada do fisioterapeuta em quadra para tratar de uma suposta lesão.

Podemos transportar esta mesma situação para outros eventos em nossas vidas. Desde cedo, nossos pais podem nos ajudar a fortalecer nossa vontade e caráter, fazendo com que assumamos a responsabilidade por nossas ações e atitudes — estando ao nosso lado para nos dar apoio, sem nunca assumir para si os encargos que podem ser suportados por cada criança e adolescente, de acordo com sua capacidade naquele instante.

Hoje, em nossa sociedade brasileira, vemos pais que, na ânsia de demonstrar seu amor pelos filhos, se posicionam de maneira a servir de anteparo às pequenas mazelas, tomando as dores dos petizes contra professores, educadores ou técnicos esportivos, questionando sempre suas atitudes e deixando a criança perceber que tem costas quentes.

Ora, um dia isso vai acabar. Na vida adulta é impossível ter sempre quem tome providências em nosso lugar, e é aí que começam os problemas. Os mais fracos sucumbem às drogas, à depressão. Fracassam!

Importante é criar os filhos para o mundo que vão enfrentar. Quando forem adultos e bem-sucedidos, vão entender que todas as "maldades" que você fez, às vezes com o coração em frangalhos, foram em função de um grande desprendimento e generosidade. Só os egoístas e fracos são capazes de tomar atitudes para não desagradar os filhos e, assim, garantir o seu afeto. Mais tarde podem se arrepender.

O esporte pode ser indicado para, de maneira saudável e segura, ajudar no crescimento físico e emocional das crianças. Se o técnico for esperto, sempre deixará um espaço para que a criança desenvolva sua natural tendência à criatividade que, muitas vezes, fará a diferença na hora de sacar um golpe inusitado.

Meu jogo para amanhã já está marcado. Minha adversária que se cuide!

# A COSTUREIRA GENTIL
## (GOSTO NÃO SE DISCUTE, SE LAMENTA)

Vou mostrar um email que recebi da Cris. Interessante, essa Cris. Digo-lhe sempre que ela parece ter tomado umas e outras logo cedo, dada a alegria infantil que exibe no meio da manhã, quando jogamos um tenisinho ou damos uma corrida pelo Clube Pinheiros.

A Cris é uma pessoa incrível, pois ao mesmo tempo em que, por um lado, parece ser muito mais jovem do que realmente é — na verdade parece uma menina, dando sempre sua gargalhada e correndo e saltando na quadra como uma moleca —, por outro é fiel em suas amizades, prestativa e caridosa. Nunca nega fogo quando se precisa dela. É das raras que sabem curtir uma boa bagunça, mas também está lá nas horas ruins.

Já situei a Cris para que o leitor possa imaginá-la enquanto lê, com sua abastada cabeleira preta cortada curta, sua silhueta de atleta, moreninha da coxa grossa, parando a cada frase para soltar sua risada:

— Dei pra Lígia, irmã temporã da minha mãe, uma calça Diesel que comprei na Itália pro João e ficou grande. Como ela fez uma dieta show e já perdeu 20 kg, quis homenageá-la com o "presentão". A calça é toda rasgada e amarfanhada, como dita o código *fashion* da famigerada grife. Lígia adorou (a gente fica com o gosto tão "feliz" e liberado quando emagrece que se ama em toda e qualquer tralha que nos sirva...) e toda serelepe e rejuvenescida foi à costureira para fazer somente a barra, original, claro. Adivinha... Além da barra, movida talvez por um misto de pena, asco e gentileza, a profissional remendou todos os furos e rasgos do modelito milanês! Lígia me ligou hoje cedo agradecendo por ter um passatempo pro fim de semana chuvoso: tirar os remendos caprichadinhos sem estragar os rasgos e furos originais.

Em tempo: João é o filho da Cris, já tem 18 anos, mas ela, como toda mãe, pensa que ele ainda é um bebê.

Fico imaginando a cara da minha mãe vendo a tal Lígia tirar os remendinhos. Ela era a pessoa mais caprichosa que conheci; me ensinou a costurar, mas enquanto ela fazia um vestido eu fazia sete (conta de mentiroso). Entretanto, quando a gente virava as minhas roupas do avesso, era um deus-nos-acuda, tudo esfiapando, sem arremate, mas eu, do alto de minha adolescência, estava mais interessada em usar um vestido novo a cada fim de semana. Quando marcávamos o bailinho de sábado eu corria para a lojinha da D. Zoraide, que ficava em frente à minha casa, escolhia um tecido qualquer e no dia seguinte, *voilá*, um vestido novinho.

Eu dançava muito, encarapitada nos saltos altíssimos, e quando voltava para casa tinha que colocar meus pés na água corrente fria para poder dormir sem dor.

Voltando à calça esfarrapada: francamente, a que ponto chegamos! Fazer uma calça novinha em folha e depois, de propósito, rasgar e esfiapar a dita! É a conhecida customização. Bem, o fim do mundo continua sem data, portanto relaxa, vai!

# Bewitched

*As mulheres são anjos. Quando suas asas são quebradas, pegam uma vassoura e saem voando, pois são flex.*

Era uma vez um anjo. Aliás, uma anja. Quando andava pela Terra em forma de mulher, era amável, carinhosa, dedicada, inteligente, culta, linda e amada por todos os que a conheciam, exatamente por ser como era. Mas alguém quebrou suas asas e tomou seu lugar. Todos se deixaram enganar pela aparência e, em princípio, acabaram envolvidos.

O senso de humor continuava fino. A mulher que tomou seu lugar era amorosa, sabia como ninguém ser delicada para com os que a cercavam, mas deixava às vezes transparecer a amargura que lhe estraçalhava a alma. Sua língua era como um chicote que açoitava todos que lhe queriam bem: podia magoar fundo os mais sensíveis. Até que um dia...

Bem, aqui é lugar de crônica e não de conto de fadas, portanto, usando um pouco a metáfora da historinha aí em cima, vemos nos dias de hoje ao nosso redor muitas mulheres nas mesmas condições, sem saber direito como agir.

A mulher moderna, que usufrui dos benefícios da chamada "revolução feminina", perdeu um pouco a mão e carregou na dose. Antes, aceitava tudo, sem retrucar. Hoje não aceita nada, e fala tudo o que lhe vem à cabeça, um tipo de atitude que não pode dar certo. É fato que essas mulheres têm que se haver com os problemas do cotidiano, assumindo todas as cargas que lhe são atribuídas; e quando são feridas, retrucam às vezes sem pensar e tornam-se agressivas, justamente com os que a cercam e nutrem por ela sentimentos de amor e amizade, já que os outros não aceitam e revidam. Ninguém quer ser agredido, então ocorre o afastamento, mesmo a contragosto. E assim outro problema vem se juntar aos demais.

Faz-se necessário, sim, aproveitar tudo o que a duras penas conseguimos, mas sem tentar copiar atitudes que têm mais a ver com o sexo da testosterona: agressividade é entendida como parte de um processo fisiológico hormonal do homem. A fêmea tem lá seus diazinhos de espírito de porco, mas tem que cuidar para que o resto do mês seja ameno.

Temos que dar a mão à palmatória para essas heroínas do cotidiano. Suas vidas não são fáceis, dadas as inúmeras atribuições que têm hoje. Pois é. Sabemos que não é fácil, mas o melhor mesmo é esquecer a vassoura, tratar das asas quebradas e voltar a voar alto, com graça e beleza, na certeza de que o voo está sendo acompanhado. E admirado de verdade.

# A largatixa

Pouca vergonha, alguém que se pretende uma escritora escrevendo "largatixa". Por acaso estaria sem corretor de texto? Você, meu leitor, deve estar abismado com a editora, por que teria deixado passar esse erro de ortografia? Bom, vou contar o motivo.

Aquele pessoal de lá de longe tem histórias interessantíssimas para contar, e dessa vez nos surpreenderam com uma que, façam-me o favor. Sempre falamos principalmente sobre os bichos do cerrado, são maravilhosos, mas pouco conhecidos. Nosso tamanduá-mirim é tão engraçadinho que deixa o panda para trás, mas ninguém o conhece. Alguém já viu um brinquedo de pelúcia desse animalzinho? Ele é também conhecido como "tamanduá de colete" — pois parece estar vestindo um coletinho preto —, e ainda como "meleta".

Já estou me perdendo outra vez.

Pois estávamos nós de noite contando causos, tentando impressionar os peões com a história de um americano que é encantador de cavalos. Foi um programa de TV que vimos onde esse caubói literalmente encantou vários animais reconhecidamente abusados, que não aceitavam nenhum tipo de intimidação e muito menos acatavam as ordens que lhes eram dadas pelos domadores. O homem chegava mais ou menos perto do bicho e começava a falar baixo. O mais impressionante é que falava em inglês, aqueles cavalos deviam ser muito cultos, pois pareciam compreender muito bem. Aos poucos, o cavaleiro ia chegando perto, afagando, e logo passava uma corda, subia e cavalgava como se conhecesse o animal há anos. Uma coisa que chamou a atenção foi que um dos antigos tratadores chegou a chorar, por pensar que por muitos anos tinha maltratado os cavalos completamente sem necessidade, pois o adestramento era feito meio na marra.

Nesse instante, o Juvenor, que é caseiro na fazenda UP, soltou um sorriso que mostrava, aliás como sempre, que ele tinha uma história ainda melhor.

A noite era de lua cheia e lá fora a claridade era impressionante, mas dentro de casa estávamos acompanhados de um chiadinho que vinha da lanterna a gás e iluminava parcamente o lugar. Pouco antes tínhamos acompanhado o nosso satélite nascer do alto da serra, e nos preparamos para finalmente escutar o que ele tinha para nos dizer.

Juvenor, com sua barba ruiva por fazer de vários dias, todo sardento e manchado por anos ao sol, começou soltando sua risada infantil; depois disse que quando era ainda rapazinho conheceu um domador que não havia cavalo que ele não amansasse. Sempre que aparecia um bem brabo, lá era chamado o fulano para resolver. Todos ficavam absolutamente abismados com a capacidade com que o domador ficava parecendo como que pregado na sela, ou mesmo em pelo, no lombo de cavalo. Um dia, quando estavam todos reunidos na casa do tal adestrador, depois de muita cantoria, cerveja e pinga, o homem contava vantagem se gabando de que nunca, jamais tinha levado um tombo de cavalo. Nessa hora a mãe de tal figura entrou na conversa e resolveu esclarecer o mistério: ela mesma era a responsável pelas façanhas do rapaz, pois sempre dava um jeito de caçar uma "largatixa", matar e arrancar o seu courinho e pregar nos fundilhos das calças do moço. Desse modo, não haveria maneiras de ele cair.

Como era de se esperar, caímos todos na gargalhada, mas a que mais se ouvia era a do próprio Juvenor, que se divertia tanto que chegava a bater as mãos nos joelhos.

Uma boa risada sempre nos ajuda a liberar endorfinas. Fomos dormir muito felizes.

# Con... sumindo

Pois é! Quando nos preocupamos em usar todos a mesma marca de roupas, estamos sumindo como indivíduos, nos transformando numa massa única, onde todos os elementos do conjunto parecem células de um mesmo organismo. No afã de comprar algo para nos diferenciar de determinado grupo, acabamos nos mimetizando em outro.

Não sei se hoje estou mais emburrada ou se o assunto é mais pesado para mim, pois acredito que o grande mal que hoje aflige a humanidade é verdadeiramente o consumismo — uma faina de comprar, uma necessidade de ter, antagonizando o ser. O processo leva a dois extremos: trabalhamos muito mais para ganhar mais e daí ter como gastar; ou tratamos de obter os recursos, ou mesmo o objeto de desejo, de modo escuso. O primeiro caso é pernicioso, pois como o tempo é limitado, temos que fazer escolhas, deixando de aproveitar momentos de descanso fundamentais para a saúde e também a vida social: largamos a família e os amigos em segundo plano. Enganam-se os pais que abrem mão da convivência com os filhos para poder lhes dar mais coisas. Estes, se pudessem opinar, pediriam sua companhia ao invés.

Mães que deixam seus filhos nas mãos de outrem, sem vê-los às vezes por dias, não sabem que falta lhes fazem. Geralmente são pessoas de grande cultura, mas deixam os pequenos com pessoas de pouquíssimos conhecimentos.

Está na hora de refazermos o movimento feminista. Vamos exigir (principalmente de nós mesmas) que nos deem de volta o tempo necessário para poder compartilhar momentos inesquecíveis com a nossa prole. Não é difícil, basta abrir mão de alguns bens materiais.

O segundo caso gera a violência, pois na ânsia de ter algum objeto de desejo, alguns que não têm capacidade de gerar os recursos necessários para tal acabam por tirar de outros aquilo que desejam. São coisas como essas que alimentam o famigerado tráfico e consumo de drogas.

Cada dia que nasce nos traz um presente: 24 horas que podemos utilizar como bem entendemos. É nossa escolha, principalmente num país democrático como o nosso. Sejamos felizes com as coisas simples da vida. No leito de morte ninguém lamenta não ter comprado uma bolsinha de grife, ou um carrão. Todos dizem que gostariam de ter passado mais tempo com a família e os amigos.

Ainda dá tempo. Faça sua escolha agora.

# Fraternidade

"Cada idade tem seus encantos" — me cansei de ouvir isso, e achava que era somente uma maneira positiva de ver as coisas sob o prisma de Poliana. Agora que já passei por vários encantos, tenho tempo, experiência e disposição para tal, fico observando os que ainda estão lá pra trás.

Dificuldades que me pareciam um tsunami, hoje, vistas de longe, não passavam de pequenas ondas que se quebram na areia. Tá bom, confesso, não quis usar a palavra "marolinhas" para não me lembrar de nenhum molusco.

Pois bem, encarar novas escolas, novos empregos, casamento, filhos, separação dos pais, por tudo isso passei. E, realmente, tudo passa.

Meu dezembro gosmento também passou, e apesar de ter sido apenas há um mês já não me parece ter sido tão terrível assim.

Estou aproveitando esse começo do ano para observar como se formam os laços fraternos. Estou com dois guris em casa — meus netos, com quatro e dois anos e meio — e observo a evolução de seu relacionamento, o aprendizado do compartilhamento, das brincadeiras e risadinhas, das brigas, cada um procurando empurrar limites e a gente tendo que interferir o tempo todo, para ajudá-los a aprender o que é viver em sociedade. Começo a perceber também um começo de cumplicidade, os dois notando que unidos são mais fortes para manter uma posição com os adultos.

Vejo também como a ordem em que nascem numa família será determinante mais pra frente: o mais velho sobrecarregado com o fardo de ter que dar o exemplo numa tenra idade e o mais novo tendo que lidar com sua momentânea incapacidade perante o irmão, tentando alcançá-lo o mais rápido possível; o menor evoluindo mais depressa para alcançar o maior e este, às vezes, com um pouco de inveja da possibilidade de ainda ser nenê; o mais velho já querendo se impor às custas de gritos e tendo que ser severamente repreendido, pois é em casa que se educa, são os pais e cuidadores que têm esse ônus.

Os dois meninos agora têm que dividir o tempo da mãe, que ficou finito com mais uma irmãzinha. Notem que eu disse "tempo", pois amor e carinho se multiplicam e cada um é único em seu amor perfeito. Adoram a garotinha, mas se ressentem da perda do tempo da mãe.

Tenho outra neta que está na fase em que já compreende tudo, mas não consegue expressar o que deseja, daí grita e esperneia, mas com explicações razoáveis ela entende e se aquieta, revelando a garotinha doce e amável que é.

Mas a intenção era falar sobre minha própria fraternidade. Em minha casa de solteira, éramos três meninas. Os tempos eram outros. As crianças dormiam todas no mesmo quarto e ali se sucediam as brincadeiras, os conflitos, as confidências, os acertos de contas.

Quem tem irmãos sabe do que estou falando. São os únicos que dividem conosco a genética, os primeiros anos, e, portanto, nos conhecem profundamente. São aqueles que sabem exatamente por que você se tornou o adulto que é. É exatamente entre essas pessoas que ocorrem os maiores amores e os maiores ódios.

Nossos problemas em comum nos uniram, as três irmãs. Conhecemos nossos defeitos e qualidades e nos amamos. "*We are family, my sisters and me*".

# LEALDADE

Estou começando a acreditar que se desejo mesmo encontrar lealdade é melhor procurar no reino animal.

O cão é o símbolo dessa qualidade, e nos nossos dias nota-se cada vez mais a procura dessa companhia. A eles é dedicado todo o amor e carinho que se devota a um companheiro, ou até a um filho.

Soube esta semana que, por ter passado a noite com seu cão doente num colchonete improvisado, abraçada a ele, uma senhora foi contaminada e infelizmente está em coma, enquanto seu animal de estimação já recuperou a saúde. Já vi gente que acabou morrendo por compartilhar a cama com um animal doente.

É impressionante como logo após levar uma bronca, se chamado pelo dono, o bichinho volta abanando seu rabo imediatamente, e tem-se conhecimento de casos extremos, em que o animal permanece ao lado do dono até após sua morte.

Já quanto aos seres humanos... Tenho a felicidade de conhecer alguns espécimes dessa estirpe que já está em processo de extinção, e disso muito me orgulho. Quanto à maioria, é somente falsidade, e algumas vezes a decepção é grande, fico ainda mais triste.

Sinto um pouco de falta daqueles gestos já em desuso,

como quando nos filmes de faroeste um homem tirava um fio de seu bigode como prova de sua fidelidade e lealdade. Acho que deve ser falta de bigode, por já ter também caído desuso e estar fora de moda.

A política é ambiente fértil para a virada de casaca. Quanta decepção.

Noites insones me levam muitas vezes a ver na rede social frases interessantes e muitas vezes educativas, e esta vou compartilhar com vocês, meus leitores: "Eu nunca perco. Ou ganho ou aprendo".

Tenho aprendido muito ultimamente. De um modo geral com as mulheres — conheço várias exceções e muito me identifico com elas, que são verdadeiras, mas, na maioria, são sub-reptícias, disfarçadas, e não expressam seus sentimentos reais.

Os homens é que estão mudando mais. Características mais inerentes ao seu sexo estão dando lugar a desculpas esfarrapadas para justificar o injustificável.

Não sei como meus leitores não reclamam de minhas desviadas de sempre. Estávamos falando dos bichinhos de estimação.

Hoje, apesar da crise que estamos vivendo no país, nota--se que o ramo dirigido aos chamados Pets está em plena ascensão.

Lembro-me de minha meninice, quando os cachorros ficavam acorrentados nos quintais e eram usados somente como guardas das residências, sendo quase sempre muito ferozes. Hoje, brincam soltos. Até aquelas raças consideradas ferozes convivem em harmonia com outros cachorros e até gatos, considerados seus inimigos naturais, e com humanos, em parques e lugares abertos.

Lembram-se de certo general da época da ditadura que dizia preferir os cavalos ao homem? Dá pra entender, né?

Vamos nos mirar nos nossos amiguinhos de pelos e penas e copiar o que eles têm de melhor.

# Radiância

Ultimamente dei de inventar palavras, o hábito de escrever creio que está me tornando arrogante a ponto de pensar que sou alguém do naipe de quem escreveu *Grande sertões: veredas*. É que às vezes sinto falta de um vocábulo que exprima exatamente o que quero dizer, então me atrevo.

Minha cidade amanheceu radiante neste fim de semana de pré-primavera.

O sol brilha iluminando as flores, que parecem querer alegrar o paulistano. Bem que a gente está precisando dessa alegria, pois o ar seco e a poluição estão brabos nesta época do ano, um festim para os vírus e bactérias que estão atacando cada vez mais fortalecidos, permanecendo no corpo do hospedeiro por muito mais do que aqueles três dias tradicionais. E quando você pensa que se livrou, aparece outra praga.

É incrível como a gente, se souber perceber, pode se beneficiar das alegrias e benefícios que estão por aí na natureza, absolutamente grátis. Quanta felicidade a simples mirada de um ipê em flor consegue nos trazer!

Em São Paulo, as azaleias já estão florescendo em explosões, brancas, rosas, solferinas, que emolduradas pelo verde da folhagem nos presenteiam com sua beleza.

Também tem ipê branco, que já está florido e é bem mais raro.

Nossa cidade é realmente fervilhante, e durante os dias de semana, frenética. Nesses dias não temos tempo nem cabeça para admirar seus encantos, tentando driblar — agora com a preciosa ajuda do aplicativo *waze*, aliás, meu melhor amigo atualmente — os engarrafamentos que nos infernizam.

Mas hoje, não. Logo cedo recebi a foto de uma linda árvore que mais parecia um buquê amarelo, e fiquei atenta, podendo assim observar coisas que não observaria caso minha amiga não tivesse tido a gentileza de compartilhar aquela formosura.

A felicidade foi invadindo meu peito constrangido por uma semana cheia de percalços, e a cara amarrada foi cedendo espaço para sorrisos a todas as pessoas que se acercam.

Hoje vou aproveitar todo o contentamento que as pessoas que amo e me rodeiam estão me trazendo, vou aproveitar também a companhia alegre das amigas que vão praticar esporte comigo, vou aproveitar também a brisa leve que traz o perfume da mata e mais tarde confraternizar com pessoas queridas, e abençoar mais um casal que se une para formar uma família, que, se depender de nossos anseios, será feliz.

Cedinho, uma corrida de rua irá me arrancar da cama, mas com certeza irei aproveitar as belezas do caminho que esta minha cidade tão injuriada e injustiçada nos oferece, juntamente com os benefícios da tecnologia e do trabalho incessante do povo que nela habita. Os que aqui permanecem e os que para cá se dirigem sabem que a luta é insana, pois temos um país para carregar, mas sabem também que terão serviços e lazer da melhor qualidade que o país pode proporcionar.

Portanto, meus leitores, peço perdão pelo atrevimento, mas radiância é o que me ocorre para definir esta iluminada manhã, "porque hoje é sábado".

# ORGULHO E PRECONCEITO

Eu, sinceramente, não teria nenhum motivo para me recusar, nem ficaria ofendida por alguém achar que eu poderia ter roubado alguma coisa de alguma loja. Os fiscais dos estabelecimentos comerciais com certeza achariam algo de mais útil para fazer, se não tivessem que ficar desconfiando das pessoas que frequentam as butiques.

Vi um vídeo esta semana — pois agora todo mundo tem um celular à mão para registrar tudo o que acontece — onde uma senhora e sua filha estavam fazendo um escarcéu porque pediram para verificar suas bolsas. A senhora gritava sem parar, dizia que o que acontecia ali era preconceito, ora, sabemos perfeitamente que ladrões não faltam, e também que não está escrito na testa de ninguém qual é o seu caráter. Portanto, nada mais normal que a checagem.

Quantas vezes não acontece de você estar saindo de uma loja com suas compras e aquela parafernália na porta apita, insinuando que ali vai um larápio? A gente fica meio constrangida a princípio, mas quem não deve não teme, é só mostrar o recibo e a mercadoria e tudo se esclarece. O bom desses aparelhos é que não são sensíveis à cor de pele e nem se importam se você está de chinelo de dedo. Pode ser a maior grã-fina, e vai tomar apito na orelha também, mas pelo menos não poderá ser alegado o preconceito.

Lembrei-me de um fato inusitado que ocorreu comigo e meu marido por ocasião de uma visita à Escandinávia. Estávamos os dois fazendo um passeio por uma cidadezinha minúscula da Noruega, chamada Bergen, que mais parece um presépio. Era uma tarde modorrenta de sábado, e não havia ninguém nas ruas que contornavam o porto. Como era verão, os habitantes locais achavam que estava o maior calor: usavam bermudas, regatas, chinelos, e ficavam em seus barcos almoçando como se estivessem na ilha mais deserta. Eu, friorenta que sou, portava meu casaco de festa junina cheio de pele no capuz, quando, de repente, escutamos gritos vindos da rua adjacente.

Era uma mulher, que gesticulava e bradava em nossa direção. À sua frente vinha um homem grande, cabeleira e barba ruiva, o que já impunha um certo respeito. Ao notar que não entendíamos o que estava gritando, a mulher começou a falar em inglês que o homem era um ladrão e que era pra nós dois agarrarmos o trapaceiro. Muito diferente do que ocorre por aqui, ela não parecia nem um pouco atemorizada, vinha gritando o que parecia um xingamento. E o viking caminhava tranquilamente, como se não fosse com ele. Havia até um certo ar de galhofa debaixo de seu bigodão.

Olhei para o maridão e disse:

— A gente vai acompanhando os dois e não faz nada, a não ser que ele vá agredi-la.

Caminhamos por dois quarteirões até chegarmos ao porto, onde estava fundeado um grande navio. Os marinheiros se movimentaram e decerto foram chamar a polícia. Nesse ínterim o grandalhão desistiu do butim, e deixou de lado a garrafa de bebida que era o motivo da desavença. Bebidas alcoólicas são muito caras por lá, portanto, passíveis de furto.

A mulher imediatamente agarrou a garrafa pelo gargalo, veio em minha direção e a entregou para que eu tomasse conta, enquanto ela continuava perseguindo o embusteiro. Foi nesse momento que olhei para trás e vi quatro deuses saídos de alguma lenda escandinava, louros, altos, uniformes pretos impecáveis, sapatos reluzindo à luz do solzinho mixuruca. A cada passo suas louras melenas saltavam em câmera lenta, e após o primeiro instante de aparvalhamento me dei conta do que fatalmente aconteceria em seguida: uma moreninha latina, com uma garrafa valiosa em suas mãos, certamente seria jogada para dentro da primeira viatura, e iria conhecer como é o xilindró do país de melhor qualidade de vida do planeta.

Pensei em jogar a garrafa para o maridão, que tem um jeitão muito mais nórdico, mas ele estava longe, ainda acompanhando a mulher para sua proteção. Pensei em desmaiar, e senti uma lufada de vento quando os quatro rapazes passaram por mim como se eu nada fosse. Com certeza, já conheciam o bufão e iam atrás dele. Imediatamente, devolvi a garrafa para a mulher, para me livrar da prova. E fiquei pensando com meus botões: *como é que fui chegar tão longe de meu violento país para presenciar uma cena tão inusitada?*

Contando, ninguém acredita, mas o Arnaldo está aí para confirmar, somente ressaltando que os oficiais não eram tudo isso.

# Sonhos de uma noite de verão

Ontem não fui me sentar como de costume de frente para alguma tela iluminada.

Estava muito zangada comigo mesma. Não estava em meus planos perder aquele jogo, mas é comum amanhecer um dia em que nada do que você programa dá certo. E foi nesse estado de espírito que me dirigi para o jardim para apreciar uma lua rara. Estava deslumbrante no céu, redonda e amarela, gigante. Fiquei admirando aquela formosura, enquanto meus pensamentos boiavam junto dela, soltos no firmamento.

Há muitos dias não chove, e as plantas estão ressentidas da falta de água. As folhas já amarelaram, amarronzaram, secaram e começaram a cair, forrando o gramado. Na penumbra, percebi quando um pé de vento levantou algumas delas num bailado meio satânico. Não parecia normal. O ar foi girando cada vez mais rápido, formando um redemoinho e carregando consigo até alguns galhos mais pesados.

Comecei a me movimentar para buscar a segurança de minha casa quando algo sensacional ocorreu: meus sonhos de infância estavam se realizando bem defronte de mim, e o saci-pererê em pessoa, se é que ele é uma pessoa, materializou-se. Voltei a me esconder nas sombras para não assustá-lo, e também por segurança, pois até um certo medinho eu senti, apesar de sua estatura não chegar a um terço da minha. A figurinha brilhava no escuro e tinha cara de sapeca, devia estar procurando algum malfeito para cometer. O céu foi perdendo a cor, e a lua era somente uma claridade atrás das nuvens.

Vi quando a criaturinha achegou-se para perto da piscina, procurando algo. As águas começaram a se encrespar e de dentro de minha própria piscina, em pleno centro nervoso econômico do país, surgiu deslumbrante, nua, brilhante e cantando, uma Iara. Sua pele cor de cuia contrastava com os negros cabelos, que escorriam pelo corpo quase até a altura de sua cauda dourada. Sempre ouvi dizer que o canto dessa fada tupiniquim imobilizava as pessoas. Movi meus dedos e notei que estavam normais. Ah! O efeito era somente sobre os homens, que ela arrastava para o fundo dos rios do Brasil.

Quando imaginei que mais não poderia acontecer, vi chegar ou partir, não sei de onde e nem pra onde, o Curupira que faz que vai, mas vem, graças à conformação de seus pés que estão posicionados de maneira invertida. Veio com ele o Boitatá, aquela enorme cobra de fogo que juntamente com o Curupira protege as matas.

Pensei: *agora esse anãozinho tão pequeno quanto o saci vai pro fundo da piscina...* mas, qual o quê, foi se chegando e tratando de mandar a índia se calar, pois logo chamaria a atenção e isso eles não queriam. No silêncio que se fez, escutei a princípio um trote bem baixinho, mas que foi se avolumando até se transformar num tropel de patas de cavalo. Meu quintal voltou a se iluminar com as chamas que brotavam do pescoço da mula-sem-cabeça, trazendo junto, montado em um cavalo, o Negrinho do Pastoreio.

Rodearam a piscina, que a esta altura tinha recebido novo personagem, o Boto. Gostaria de descrevê-lo como peixe, mas minha veterinária filha iria me corrigir: "Mamífero!" Pois bem, esse gosta de se transformar em homem e seduzir lindas donzelas. Sua lenda já salvou muita moça da ira de pais ingênuos, bastava culpar o boto.

Eu, no meu cantinho, mal ousava me mexer, e ficava me

indagando o que mais estaria prestes a acontecer no meu jardim. Realmente, era um dia fora de série.

A algazarra que cometiam em meu gramado esmagava as folhas secas e estalava os galhos ressequidos por tanto tempo sem chuva. Foi quando a Iara recomeçou sua cantoria, e observei que não havia ali nenhum homem que pudesse ser seduzido, uma vez que o boto permanecia em seu formato animal. Todos os outros começaram a acompanhar a linda sereia, cada um como podia. Formou-se uma cacofonia, que aos poucos começou a fazer sentido, e uma harmonia se fez presente.

A ladainha me induziu a um estado irreal e me senti flutuando, mas resquícios de racionalidade me fizeram permanecer em meu esconderijo. Quando já estavam em uníssono há algum tempo, senti um baque em meu ombro. Retorci-me assustada, somente para receber outro baque no outro lado, e a partir daí um temporal desabou.

Era tão bom. Olhei para o céu, mas tudo o que pude perceber foram as gotas grossas caindo em meu rosto. Os raios seguidos de estrondo riscavam o céu, desenhando por frações de segundo uma linda renda prateada.

Finalmente, tomei a decisão. Saí correndo em disparada para casa, tendo já planejado o caminho mais curto. Não fui seguida e nem escutei mais nenhum som além do delicioso e refrescante barulho da chuva.

Não sei como tudo aconteceu, só sei que foi assim...

# A vida começa aos...?

Complicado esse negócio de definir o início da vida. Uns acham que é na hora do parto, outros já dizem que é no ato da concepção, há ainda os que vivem se pegando, pois são pró ou contra o aborto: então fica mais confuso ainda, já que para os pró, um aglomerado de células, tá certo que com certo objetivo, não significa vida.

Há muito tempo atrás tive a felicidade de fazer um parto, pois era a única pessoa que estava lá no momento. O fato foi de uma grandiosidade tal que ficou como um marco em minha vida, pois me levou a escrever o livro *Nuvem de Pó*. Ver ali diante de si uma pessoa se desdobrar, surgir um ser humano novinho em folha com uma vida inteirinha para viver, é espetacular.

Estou me perdendo um pouco, mas calma, já vou chegar ao ponto. Tem um grupo que afirma que a vida começa aos quarenta, com certeza aqueles que até a meia idade ainda não conseguiram se encontrar e vivem na esperança de que uma data no calendário vai resolver seus problemas, ou trazer tudo aquilo com que sonharam e não tiveram a felicidade ou competência de conseguir.

Tive um tropeção aos trinta, no dia do níver: eu olhava para o espelho e me perguntava quem era aquela senhora que me olhava de volta. Pensei: *pronto, fiquei velha, minha vida acabou*. Tolinha, era uma criança insensata.

Por outro lado, tendo vivido exatamente como queria, dei um jeito de arranjar logo de cara um príncipe encantado, vivi feliz para sempre e tive muitos filhos, mas não sei quando tudo isso começou, talvez seja a continuação de um espírito antigo que ainda precisa crescer e vai ter que voltar algumas vezes até aprender.

Acho que a gente vive algumas vidas: a despreocupada das crianças, a intensa dos adolescentes, a responsável da vida adulta, mas devo dizer que estou adorando esta outra vida que é a de sexigenária. Explico: agora que não tenho grandes responsabilidades pendendo sobre a minha cabeça, dei de inventar coisas para fazer. Estou aprendendo a falar francês, pois já me disseram que estudar uma nova língua afasta de vez aquele alemão que deixa a velharada louca: o Dr. Alzheimer. Bem, isso não é tão radical nem tão cansativo, mas as outras coisas a que me propus... Veja: com cinquenta e seis anos me matei de tanto treinar e fui vice-campeã paulista de segunda classe de tênis, passando para a primeira. Impliquei de correr uma meia maratona e o fiz pela primeira vez aos cinquenta e sete. Também quase me matei, pois tive que curtir uma mononucleose por um ano. Fiz que fiz, até escrever e publicar meu primeiro livro, o que foi extremamente prazeroso. Aos sessenta, resolvi que ele tinha que ser ebook, pois quero ser moderninha. E consegui também. O POD eu nem sabia que existia, mas fui atrás, pois entre outras coisas é muito mais ecologicamente correto do que o livro de papel original. Isso também é moderno.

Agora, quero porque quero que o livro seja bem-sucedido. Me aguardem, estou trabalhando nisso.

O coroamento de tudo, e nisso não tive nenhuma participação, veio com a chegada de mais uma vida a este mundo, o meu netinho. Estou vendo em câmera lenta ele aprender tudinho, suas dificuldadezinhas nas coisas mais banais. Tenho todo o tempo do mundo. Nada para atrapalhar.

Sei que muitas coisas novas me aguardam. Não vejo a hora de chegar ao setenta.